Gunhild Thalheim
Besser Zwilling als gar kein Chaos

Gunhild Thalheim

Besser ZWILLING als gar kein Chaos

Rediroma-Verlag

Bibliografische Information der Deutschen Nationalbibliothek:
Die Deutsche Nationalbibliothek verzeichnet diese Publikation in der Deutschen Nationalbibliografie; detaillierte bibliografische Daten sind im Internet über http://dnb.ddb.de abrufbar.

ISBN 978-3-96103-423-9

Umschlagillustration: Katy Födermair

www.rediroma-verlag.de
8,95 Euro (D)

Inhalt

DAS CHAOS FÄNGT AN.

Mit dem kurzen Dialog von MARIE ANNEMÖLLER (36 Jahre, Bibliothekarin in der Göttinger Universität) und IHREM QUENGELCHEN (kurz I. QU. genannt) (Weitere Dialoge folgen zwischen den einzelnen Kapiteln.)

MARIE: „Puh, war das ein Tag!!! Der fing schon in aller Frühe an mit Hektik pur. Habe ich den Wecker überhört? Waaaas?? Schon halb sieben??? - Annalena!! Aufwachen!! Auuufwaaachen! Wir haben verschlaafen! Auufstehen, aber dalli-dalli!"

IHR QUENGELCHEN: „Hetzen beim Frühstück ist doch für dich Gift, Marie. Dein Magen rebelliert natürlich auf halbem Weg zur Schule und Uni. „Bis später, Mam!", wirst du verabschiedet. Zweistimmig. „Lass dich nicht ärgern von den tausend Studenten!"

MARIE: „Macht ´s auch gut, ihr beiden!", quetsche ich noch raus und gebe Gas. Fast pünktlich hetze ich in die Uni. Und irgendwie schafft dieser Freitag es, so heftig weiterzugehen. Feierabend! Endlich! Ich bin wie durch den Fleischwolf gedreht! Kein Wunder bei dieser Gewitterschwüle! Am Wochenende brauche ich dringend mal eine Pause. Keine Kollegen, keinen PC, kein Handy! Einfach mal nur gammeln, gammeln, gammeln ... Ach, wäre das schöööön!!!"

I.QU.: „Hallo! Träum schön weiter, Marie! Annalena werden dir was pfeifen von wegen nur gammeln! Und sie haben ganz schön Recht! Seit euer toller Papa nicht mehr für euch da ist, kommen sie viel zu kurz, oder?"

MARIE: „Das gebe ich ja zu. Family-Weekend? Was war das noch?? Ich schaffe es einfach nicht, die taffe, immer fröhlich-aktive Mutter zu sein."

I.QU.: „Ah ja? Versuchst du es denn überhaupt? Nein, Marie! So geht das nicht weiter! Du hast sie nun mal, deine tollen Zwillinge, und auf die darfst du mächtig stolz sein. Aber was machst du? Spielst `Schnecke im Haus´. Bläst die Trübsal-Trompete. Pflegst deinen `Ich-tue-mir-ja-soo-leid-Komplex´ und den `Mir-wird-alles-zu-viel-Tick´. Das muss ja mal laut gesagt werden, obwohl du es nicht hören willst."

MARIE: „Ach, wäre bloß die Ulli noch hier. Mein guter Engel!"

I.QU.: „Genau! Die würde dir deinen Kopf schon wieder hübsch gerade rücken bei jedem einzelnen Marie-Seelendurchhänger."

MARIE: „Stimmt, beim Skypen versucht sie das öfter. Aber das zählt nicht mal halb so viel wie In-den-Arm-nehmen. Warum kann ich mich nicht endlich an mein Leben ohne Patrick gewöhnen? Nach drei fast endlosen langen Jahren."

I.QU.: „Ach, du arme Marie! Du warst doch früher kein solches Weichei?? Probier´s doch einfach mal mit `Ich-will-das-jetzt-schaffen´! So entsetzlich schwer kann es doch nicht sein! Erzähl mir nix!"

1. Kapitel: Wir sind BB!

„Weißt du was, Lena?“ Wir hocken nebeneinander, an unsere Kopfkissen gekuschelt.

„Äh, ja, - gleich bestimmt.“ Kommt jetzt einer der typisch-verrückten Anna-Geistesblitze??

„Du, Lena, ich mach mir irgendwie Sorgen wegen Mam.“ Ach so! „Stimmt!“ Ich nicke. „Nicht nur du. Sie verkriecht sich bloß noch zu Hause. Ihre Uni-Bücher vorne, die Uni-Bücher hinten. Dazwischen nix anderes. Irgendwann muss man da total versauern! Vor allem in unserem guten alten Göttinger Gänseliesel-Kleinstadt-Mief.“

„Stimmt!“ Jetzt nickt auch mein Zwilling und legt die Stirn in ihre Grübel-Sorgen-Falten.

„Nullkommanullnull Spaß mehr an was Lustigem. Die absolute Spaßbremse! Wann hat sie eigentlich zuletzt richtig laut gelacht? Oder rumgealbert? Eigentlich tut sie mir leid.“

Genau das muss sich ändern, stellen wir fest. „Und wie soll das gehen?“ Anna kaut auf der Unterlippe. „Willst du ihr vielleicht ein fröhliches, so ´n perfektes Marie-Lachen ins Gesicht zaubern?“

„Würde ich am liebsten. Nee, das soll mal lieber jemand machen, der nix direkt mit uns zu tun hat. Ich glaub eher, die eigenen Kinder können das nicht so.“

„Stimmt.“ Anna kaut heftiger. „Zuerst braucht sie endlich wieder ´ne witzig-liebe Tröste-Freundin. Warum muss ihre Ulli jetzt ausgerechnet in den USA wohnen? Mailen oder Skypen ist nicht dasselbe wie In-den-Arm-Nehmen.“

„Tja, wo genau kriegen wir diese witzige Tröste-Freundin her?“, überlege ich. „Noch besser wäre ein lieb-witziger Freund, findest du nicht?“

„Quatsch! Männer guckt sie die nächsten hundert Jahre nicht mehr an. An ihren supertollen Patrick kommt halt kein anderer ran.“ Da hat Anna wohl Recht. Ich stecke den linken Daumen in den Mund. Typisch für mich beim Nachdenken. „Unser Pa war einfach der Größte für sie. Und darunter will sie keinen mehr, wetten?“

„Stimmt hundertpro!“ Anna verdreht die Augen. „Warum können wir ihn nicht wieder lebendig zaubern, unsern Pa?“

„Können wir halt nicht. Also Plan B: Lassen wir uns was anderes einfallen, mein kluges Schwesterlein.“

„Okay, dann lass DU mal. Aber ohne dein Baby-Daumenlutschen, bitte!“ - „Selber“, grinse ich und lutsche heftiger. „Du, Anna, was hältste davon: Wir backen ihr einen.“

„Logo. Mit Hefe und viiiel Zuckerguss! Hahaha!“ Mein Zwilling guckt schräg, aber nachdenklich.

„Nee, ich meine eher, wir helfen ihr beim Backen. Ich meine: Einen supercoolen Prachtkerl zu finden …“

„Supercoole Idee! Und wo kriegen wir die Zutaten her? Mehl und Liebes-Gewürze und so?“ Anna kaut an ihrem Zeigefinger. „Das ist ja das Problem! Mams Traummänner wachsen garantiert nicht auf normalen Bäumen.“

„Suchen wir halt einen. Irgendwo da, wo ´s besonders große Bäume gibt. Da gibt ´s ganz sicher auch besonders großartige Männer. Jedenfalls ´ne Ecke weg von hier und Mams Uni-Bücher-Alltagsmief müsste es sein.“

„Wow! Du meinst: URLAUB, ja?“ Annas Augen funkeln mit ihren Ohrsteckern um die Wette.

„Aber hallo! URLAUB!!! Genau! Das isses, Schwester!“

Wir klatschen uns kichernd ab. Statt Einschlafen sind die wildesten Ferienpläne von zwei so ziemlich normalen Dreizehnjährigen angesagt. Bloß sind wir ANNALENA halt nur bedingt normal, - weil Zwillinge. Ein-eiige natürlich!

Beim gemütlichen Samstagsfrühstück rücken wir raus mit Ferienplänen. Zuerst mal ganz, ganz vorsichtig: „Du, Mam? Ähm, du hast doch noch ´ne Woche Urlaub zu kriegen, ja?“, fängt mein Zwilling mit vollem Marmeladen-Toastmund an. „Oh ja, Mam! Und unsere Ferien sind schon fast rum.“ Ich setze meinen treusten Lena-Blick auf. Unsere Mutter schaut erstaunt von mir zu Anna und retour. „Verreisen, Mam“, helfen wir ihr. „Bitte-bitte!“ - „Hast du uns schon sooo lange versprochen!! Und was ist jetzt damit??“

„VER - REI - SEN?“ Sie schluckt deutlich an diesem längst verdrängten `Fremdwort´.

„Bingo! Einfach mal URLAUB machen! Irgendwo!“ Mein Zwilling schaut ihr mit ihrem unwiderstehlichen Anna-Sommer-Blick tief in die Augen.

„UR - LAUB? Und wo ist IRGENDWO?“ Mam zieht beide Augenbrauen weit nach oben.

Anna stupst mich an. Weiter, heißt das. Jetzt bloß nicht aufgeben. Auf gar keinen Fall!!

„Irgendwo da halt, wo ´s eben urlaubig ist. Schön warm - und nicht zu weit weg“, fällt mir ein.

Unsere Mutter hat extreme Flugangst seit Papas Tod. Und ewig lange Autofahrten oder Busreisen sind auch nix für sie. Die Dreier-Diskussion dauert nur kurz. Nicht mal zwanzig Minuten oder so.

„Ihr habt gewonnen, Annalena!“ Mam seufzt. Ihre Augen leuchten jedoch auf, wie seit Jahren nicht mehr. Wir einigen uns auf die Tiroler Alpen. Vier bis fünf Fahrstunden müssen reichen. Zu dritt hocken wir vorm Laptop:

FAMILIEN-WOHLFÜHL-HOTEL `ALPHORNSTEIN´. Na, hallo, Leute, das sieht doch mächtig verlockend aus:

Im urigen Tirol-Look, günstig für uns gelegen, bald hinter der Grenze nach Bayern. Das romantische Familien-Hotel zum Wohlfühlen für alle Sinne. Mit reichlich Kinderprogramm, großem Pool, Sauna-Landschaft, Wellness-Bereich. In der Nähe ein kleiner, klarer, kalter Bergsee.

Auf Mams Anfrage kommt prompt die Zusage für zwei Zimmer. Mit Balkon. Ab wann bitte? „Ab morgen!“, platzen wir raus, - synchron. Zwillinge machen das fast immer.

Na, also dann! Noch eine kurze Frage-Mail an Mutters Chef wegen der einen Urlaubswoche. Wir kneifen angespannt die Daumen. Strahlend erklärt Mam eine Viertelstunde später: „Also das geht in Ordnung, Annalena.“

„Hurra!! Spitze! Mam, du bist die Allerallerbeste!!!“

„Zwillings-Indianertänze sind immer doppelt sehenswert!“ Lächelnd scheucht sie uns ins Kinderzimmer. „Worauf warten die Urlaubs-Damen? Ran ans Packen!“

„Sie lacht, Lena!“ Anna grinst bis zu den Ohren. Ja, sie lacht wahrhaftig! Hürde eins genommen! Sie freut sich auf den Urlaub! Tja, und wir Annalena erst doppelt!!

Fix sind unsere Reisetaschen und Rucksäcke voll bis obenhin. Das geht rucki-zucki bei Familie Annemöller! Sonntag um exakt 6:10 Uhr sitzen wir fix und fertig im Auto.

„Alles klar, Annalena?“ - „Und wie, Mam! Kann losgehn!“

„Eine ganze Woche Ferien! Nichts als Ruhe, Faulenzen, Wellness und Co!“, schwärmt unsere Mutter. Sie ist kaum wiederzuerkennen seit gestern.

„Jaja, Mam. Das können wir alle drei supergut gebrauchen, nöch?“ Wir zwinkern uns zu. Abwarten, liebste Frau Mutter. Ruhe? Faulenzen? Hahaha!! Dafür umso mehr WELLNESS und Co, - und dazu ´ne dicke Extraportion HAPPYNESS??

Das Hotel ist genauso, wie uns auf den Fotos versprochen. Viel Holz, leuchtende Blumen auf jedem Balkon und überall rund ums Haus. Auf dem Dach ein Tiroler Glockenturm.

Sehr dekorativ findet Mam den. Vorm Eingang das noch dekorativere, wahnsinnslange ALPHORN auf seinen zwei mächtigen Steinen, - zum Anfassen und mal Ausprobieren. „Ach so, daher dieser ungewöhnliche Name“, sagt Mam, und Anna muss dieses lange Horn natürlich gleich testen. Kommt aber kein noch so kurzer Ton raus, so viel sie auch schnauft. Ich versuche es gar nicht erst. Für so was fehlt mir die Luft und die Lust, mich zu blamieren.

„Wie schafft man es, diesem ungewöhnlichen Instrument richtige Melodien zu entlocken?“, meint Mam ehrfürchtig. „Ich hoffe, wir bekommen mal eine Kostprobe. Es ist ewig her, seit ich bei einer Reise durch die Schweiz mehrere Alphornbläser gehört habe. Jedenfalls euch beiden meinen Extra-Dank für eure Ferien-Idee!“, lobt Mam. „Auf sieben wunderschöne Tage in diesen herrlichen Bergen, meine zwei Annalena.“

„Klaro. Auf sieben wunderwunderschöne Alphornstein-Ferientage, du liebstes Mütterlein!“

Keine halbe Stunde später hopsen wir in den Pool, Hand in Hand. Unsere Fahrerin braucht erst mal eine Runde auf der Sonnenliege zum Tiefdurchatmen. Wir tauchen um die Wette. Beim Auftauchen halten wir unsere vier Daumen übers Wasser. „Der Anfang ist schon nicht übel“, schnauft

Anna. Dicht neben ihr, da platscht was ins Wasser. Dicht neben mir, upps, da taucht ein Kopf auf. Helle Igelhaare. Blaugraue Augen blinzeln mir überrascht zu. „Hey!“

„Selber!“ Ich tauche ab. Beim Auftauchen bin ich dran mit überrascht Blinzeln. Blaugraue Augen. Helle Igelhaare. Wieder: „Hey!“

„Hey hatten wir gerade“, pruste ich. „Wieso? Nee, nicht wirklich!“ Igelkopf schaut an mir vorbei. „Das war Ben!“ Neben mir taucht Anna auf. „Upps!“, prustet jetzt auch sie. Und lacht los: „Mensch, Lena! Du, das sind auch zwei! Heißahussa-trallala!“

Buff! Das ist jetzt nicht wahr!! Schon ist dieser Ben bei uns. „Wow! Voll krass!“ Er peilt von mir zu Anna und zurück. „Hoho, Basti, guck mal hier! Wir haben Konkurrenz!“

„Euch zwei Nasen kann man total verwechseln“, stellt mein Zwilling sachlich fest.

„Ach nee! Euch etwa nicht?“, grinst Igelhaar Nummer zwei. Vier nasse Zwillingshände klatschen dreimal ab. „Bleibt ihr lange?“, fragt der Ben. Oder der Basti?

Damit ist schon mal soßenklar: Diese sieben Tage werden supersuperklasse. Hoch zehntausend!! Ja, so was spüre ich. „Ihr könnt Annalena sagen. Das stimmt bei uns immer“, stellen wir klar.

„Wir sind Ben-Bastian. BB reicht auch. Aber uns könnt ihr unterscheiden an Bens erotischem braunen Punkt unterm rechten Auge.“

Na, super! „Nöö, sexy haben wir nix zu bieten“, bedauere ich. „Nöö. Uns verwechselt sogar unsere arme Mutter.“ Anna kichert albern. „Und wir uns auf Fotos oder Videos gegenseitig“, lache ich. Prompt tönt es vom Beckenrand: „Annalena!“ Wir winken wild. „Juhuu, Maaam! Komm rein!“ Unsere Mutter findet dieses Zwillingskleeblatt kolossal. Wer hätte das gedacht, wie ihr Gesicht leuchten kann. Später hocken wir zu fünft auf der Wiese, essen riesige Eisbecher und finden die Welt so was von genial!

„Ach, hier seid ihr, Ben-Basti!“ Ein blonder Locken-Typ mit langen Beinen im Tennisdress taucht auf. Ben stellt uns vor. „Da guckste, was, Daddy? Sag einfach Annalena!“

Daddy guckt Anna prüfend an. „Hallo! Anna? Und wer bist dann du?“, wendet er sich an mich. „Lena“, grinse ich ihn an. Er rafft es fix: „Aha. Anna plus Lena gleich Annalena. Ganz simpel!“

Mam erklärt: „Nur so kann man sie auseinanderhalten. Ruft man bloß einen Namen, kommt garantiert der verkehrte Zwilling. Schon aus Prinzip!“

„Ben-Basti! Huhuuu!“ Ein helles Piepsstimmchen. Ein kleiner weißblonder Lockenkopf erscheint hinter Daddy.

„Paulchen, komm und sag dein Hallo zu Annalena!“

Verwunderte Grauaugen mustern uns kritisch. „Hihi, auch Zwillinge. Lustig!“ Die Kleine rafft es ebenso fix.

Schon kommt auch die ebenso blonde Mutter der drei Blondköpfe und begrüßt uns fröhlich: „Hi! Und ich bin SVEA. Keine Zwillinge, die PAULA und ich! Leider! Na gut, jemand muss halbwegs normal bleiben bei uns verrückten Biermännern.“

„Ihr seht euch trotzdem alle Fünf ähnlich wie nur“, sagt unsere Mutter. „Bis auf die Locken.“ Ich sehe fix mal beide Igelhaare mit blonder Negerkrause vor mir. Hihi! Auch lustig! Daddy stellt uns vergnügt seine ganze Truppe vor:

Die Familie BIERMANN aus dem Rheinland. Vom Niederrhein exakt. Fast schon an der Grenze nach Holland. Er ist auf KONRAD getauft, allgemein nur der KONNY.

„So schnell findet man Familienanschluss im Ferienhotel Alphornstein“, sagt Mam später.

„Als Doppel-Zwilling sowieso“, lachen wir zufrieden. Beim Abendessen winken wir unseren neuen Freunden eifrig zu. Ich beiße gerade in ein Stück Fleisch, da verschlucke ich mich beinahe. Zwischen den anderen Tischen steuert jemand auf den Biermann-Tisch zu. Auffallend groß, blonde Locken, Tennisdress. Daddy? Nee, der sitzt deutlich neben Svea. Nach einem kurzen „Hallo!“ sitzt dieser Jemand auf dem letzten freien Stuhl zwischen Paulchen und den Zwillingen.

„Hey, Anna!“ Ich trete meiner Schwester auf den Fuß. „Aua! He, pass doch auf, Lena!“ Weiter kommt sie nicht. Ihre Augen werden riesig. „Uff!“ Oh ja, das ist so was von Uff!! - Uff-Uff!!! Sozusagen. Drei Mal Zwillinge. Absolut hammermäßig! Unsere Mutter sitzt mit dem Rücken zu der blonden Gruppe. Ich tippe kurz meinen Mund an. „Klappe zu!“, heißt das bei uns. Obwohl, … uff-uff, wie soll man sich da beherrschen?

Ich würge an meinem Stückchen Fleischbrocken. Bloß jetzt nicht losprusten, Lena! Anna kriegt sich genauso mühsam ein. Aus den Augenwinkeln beobachten wir Familie Doppelzwilling. Möglichst unauffällig, während Mam munter drauflos erzählt von der Tageswanderung, die sie für morgen plant. Nein, natürlich nicht allein. Ist ja zu gefährlich in den Bergen für uns aus dem Flachland. Mit einer kleinen Gruppe plus Bergführer soll es gleich nach dem zeitigen Frühstück losgehen.

Gerade steht Daddy auf, geht Richtung Ausgang. Svea winkt uns vergnügt zu. Dann stehen BB an unserem Tisch. „Hey, Annalena, habt ihr Bock auf Tischtennis-Doppel?“ Na ja, gut sind wir gerade nicht mit den kleinen Schlägern, doch Bock haben wir trotzdem. Mam dreht sich zu Svea um und winkt vergnügt zurück. Nicht zum Wiedererkennen ist sie, unsere oft so ernste, meistens eher reservierte Mutter.

Im Fitnessraum treffen sie sich als Zuschauer. Paula nervt, aber wir tun so, als macht uns das nix.

Als wir mal Luft schnappen müssen, schnappe ich mir den Ben, - ist doch der mit dem gewissen Augenpunkt??

„Du, WER war das? Der vorhin beim Essen?“ Er grinst verschmitzt. „Hast an ′nen grünen Geist gedacht? Wetten?“ Ich gebe zu: „So ungefähr.“ Nix Geist, erfahre ich. Daddys Zwilling, der Kay-Onkel. Ich wusste es!! Bis auf den Namen natürlich. Ich hebe beide Daumen. Anna nickt und hebt ihre auch, aber nur ganz kurz. Capito, Lena!

„Alles ein-eiige“, mache ich ihr klar. BB zwei stellt sich zu uns. „Oh, ihr wisst? Jaja, alle fruchtbaren Biermänner sind gesegnet mit Doppelausführung. Zum Glück nicht Paula noch. Als Drilling womöglich, haha!!“

„Uppsi, bloß das nicht!“, rutscht mir raus. Das sehen BB und Anna allerdings auch so.

„Euer … dieser Kay-Onkel, äh, - hat DER etwa auch welche? Zwillinge?“, fällt mir ein. Die Jungen prusten los. „Hihi! Nöö, der braucht dazu wohl erst mal ′ne Frau.“

Aha! Single also. „So wie der Typ aussieht, hat der ′nen ganzen Harem“, grübelt Anna.

Wir hocken auf unserem großen Doppelbett und tuscheln. Mam schläft direkt nebenan. Vorsicht! Noch hat sie diesen KAY gar nicht kapiert. Sollen wir was sagen? Nee, abwarten ist besser, beschließen wir.

MARIE: „Träume ich das jetzt? Oder liege ich hier tatsächlich mitten in der Sommersonne? Am Pool von diesem wunderschönen Ferienhotel in Tirol? Ganz genauso habe ich mir das schon seit Ewigkeiten mal gewünscht."

I.QU.: „Warum, du liebe Marie, mussten dich erst deine Zwillinge darauf stupsen? Wie ewig habt ihr euch eigentlich keinen Urlaub mehr gegönnt?"

MARIE: „Seit Patricks Tod, also seit drei Jahren. Wieso bin ich nicht von selber drauf gekommen, wie nötig wir alle drei eine Auszeit brauchen? Endlich mal ausschlafen, keine Termine, abschalten vom Alltag, viel lesen, an Ulli schreiben, früh schlafen gehen. Ja, natürlich auch wandern. Wenn doch diese eine Woche vorbeischleicht wie eine Weinbergschnecke! Erholung pur. Faul sein gratis! Annalena haben ja schon cleveren Anschluss gefunden! Ich hoffe, die vier Schlingel hecken nicht zu reichlich aus von ihrem kreativen Zwillings-Blödsinn!"

I.QU.: „Na, und wenn schon! Hier wird ihnen das keiner übelnehmen. Lass einfach mal die Zügel locker! Auf die beiden kannst du dich doch verlassen!"

MARIE: „Schön wäre es ja. Wie gerne würde ich mir in Ruhe eine Massage gönnen. Das Wellnessprogramm schaue ich mir nachher gleich mal an. Und Sauna? Regelmäßig schwimmen, schon vorm Frühstück!"

I.QU.: „Das klingt, als wolltet ihr hier einen ganzen Monat Dauer-Urlaub machen."

MARIE: „Oh ja, nichts lieber als das! Tja, wenn das so einfach wäre! Aber eine Woche ist bestimmt ganz schön lang, wenn wir jeden Tag doppelt genießen können."

I.QU.: „Dann fang du mal am besten sofort und gleich hier damit an, Marie!"

2. Kapitel:
Kay, Konny – oder KK?

Beim Frühstück sind die Biermanns vor uns da. Allerdings nur der halbe Kay-Konny. Aber sitzt da jetzt Kay oder Konny? Mam winkt wieder fröhlich hinüber, wir natürlich mit. Auch Svea winkt. „Huhuuu, Annalena!“, tönt Paulas schrilles Stimmchen. „Hey, AL!“, schreien BB.

Kay-Konny grüßt kurz rüber mit „Hallo!“ Klingt irgendwie reserviert, oder? „Ist eher der Kay“, murmele ich. Anna rollt mit den Augen. Und wieder kriegt Mam nicht mit, wie dann hinter ihrem Rücken beide Kay-Konny frühstücken und einer (Kay?) bald verschwindet. „Kay?“, murmelt Anna, und ich kann bloß mit den Schultern zucken.

Da steht plötzlich Kay-Konny neben Mam. „Einen wunderschönen guten Morgen, ihr drei Schönen! Nur eine kurze Frage: Benbasti möchten heute gerne zum Klettergarten fahren. Habt ihr schon was vor oder vielleicht Lust mitzukommen?“ Ein Leuchten geht über Mams Gesicht. „Klettern? Das klingt super! Was meint ihr, Annalena?“ Wir quietschen zweilagig unser „Juhuuu! Klettern ist der Hammer!“

„Prima! Wir starten in circa dreißig Minuten. Ist das für euch okay?“ Daddy, denn der muss es ja wohl sein, hebt beide Daumen zu seiner Truppe. Signal zu einem vierstimmigen „Juhuuu!!“ zurück von drüben.

„Äh, Mam, du willst doch heute wandern?“ Mein Zwilling verzieht erschrocken das Gesicht. „Ach, stimmt ja, Annalena.“ Unsere Mutter denkt kurz nach. „Nein, Kinder! Klettern geht vor! Wandern ist auch noch morgen.“

„Wir passen gut auf Annalena auf. Du kannst ruhig deine Wandertour mitmachen, Marie“, schlägt Daddy vor.

Oh, nein!!! Das kommt für unsere Mutter auf keinen Fall in Frage. Klettern ist nicht ungefährlich. Da vertraut sie ihre Zwillinge auch keinen noch so sympathischen Leuten wie diesen Biermännern an.

Wir treffen uns auf dem Parkplatz. „Bei uns ist noch Platz!" Ich schaue mich suchend um. „Für einen Onkel", ergänzt Anna. „Welchen Onkel?" Erstaunt klappt Mam die Ohren weit auf.

„Der hat was anderes vor. Ist schon unterwegs", sagt Svea nur. Tja, sein Pech! Der ist also mit seinem eigenen Auto hier, der Kay-Onkel? Aber doch solo, oder? Haben wir etwa jemanden übersehen?

„Diese ganze Biermann-Familie gefällt mir prima", sagt Mam, als wir hinter ihrem Kennzeichen WES - KK 22 herfahren. „Das ist Wesel am Niederrhein. So ein verrückter Zufall, sie ausgerechnet hier in Tirol zu treffen!"

Zufall? Wir blinzeln uns zu. Abwarten, Mütterlein, wie dieser verrückte Zufall so spielen wird!

Sind diese BIERMÄNNER vielleicht erst der Anfang des großen Zwillingstreffens?

Anna fängt an zu singen: „In Wesel, in Wesel, da gibt `s die meisten Esel …"

Ich singe weiter: „In Willingen, in Willingen, da wimmelt es von Zwillingen …"

Mam macht noch weiter: „Es zwillingt in Tirol. Hier fühlen wir uns wohl!" Oh ja, liebe Marie, das wollen wir mal ganz stark hoffen! Dass es hier zwillings-wimmelt und dass wir uns wohlfühlen.

Erst am späten Nachmittag sind wir zurück am Alphorn. Verschwitzt, groggy - und total happy. „Klettern ist mega!", sind wir uns alle einig. Auch Svea, Paula und sogar unsere Mutter waren unerschrocken, zäh und richtig gut drauf.

„Die Biermanns müssten bei uns in der Nähe wohnen. Das wären Freunde nach meinem Geschmack.“ Mam scheucht uns zum Duschen. Tja, ziemlich blöd, weil BB etwa drei Autostunden von uns weg daheim sind, da drüben an ihrem Niederrhein.

Auch beim Abendessen glänzt Kay-Onkel noch durch Abwesenheit. Mam schiebt ihren leeren Teller zur Seite, steht auf, dreht sich zufällig um, schaut rüber zum Nachbartisch, stutzt … Lässig schlendert dieser Kay auf seinen Bruder zu, klopft ihm auf die Schulter, - beide lachen.

„Was … wer … ist das jetzt?“ Unsere Mutter läuft rot an. „Kay-Konny!“ Anna ist dicht vor einem Lachkoller. Mam starrt die beiden Männer an mit ihrem Extrem-Fragezeichen-Gesicht. „Das … sind … auch ZWILLINGE?“

„Sieht fast so aus“, gluckse ich über ihre fassungslose Miene. Wie angenagelt steht unsere arme Marie da, starrt und starrt. Gibt sich plötzlich einen kurzen Ruck und marschiert los. Jetzt will sie ´s wissen!

BB kriegen sich kaum ein vor Lachen. Jedenfalls lachen schließlich alle acht Nasen gemeinsam.

Bis auf Paula, die erstaunt von einem zum anderen schaut. Für sie sind Zwillinge halt nix Besonderes. Jedenfalls zum Wundern mit Kay-Konny und BB in der Familie null Grund.

Die Erwachsenen landen später zusammen in der Bar. So ein unerwartetes Zwillingstreffen muss begossen werden. Wir Nachwuchs spielen speziell für Paula Verstecken rund ums Hotel, bis unser Kleines gähnt und sogar freiwillig ins Bett verschwindet. Wir Zwillings-Doppel haben noch Bock auf ein Video im Biermann-Schlafzimmer, bis Mam und Svea auch uns energisch in die Betten verdonnern.

Was soll man träumen nach so einem Tag? Klettern ist angesagt. Rechts und links steile Felsen, unter mir rauscht ein schäumender Wildbach. Heimatfilm-Traum-Idylle pur? Ich kralle mich krampfhaft am Seil fest. Warum wackelt das so gemein? Ist das Sturm? Ein Gewitter?

„Halt mich fest, Anna!“ Meine Stimme ist mehr ein heiseres Rabenkrächzen. Keine Anna. Nicht vor mir, nicht hinter mir. Überhaupt keiner weit und breit. Außer mir winzigem Häufchen Elend.

„Wo seid ihr alle? Hilfe!!“ Das Seil wird langsam dünner und fühlt sich plötzlich glitschig an wie ekliger Glibber-Schneckenschleim. Um mich herum nix zum Festhalten. „Hilfe, Anna! Hilfe, BB!“ Mit zusammengekniffenen Augen lasse ich das Seil los, - falle und falle. Breite die Arme aus, fliege. Hände fangen mich auf. Hellgraue, leuchtende Augen lächeln mir Mut zu. „Fliegen ist das Größte, Annalena“, höre ich die dunkle Stimme dicht an meinem Ohr.

„Kay-Konny!“, seufze ich. „Nicht loslassen! Bitte-Bitte!“ Ich kralle mich am weichen Stoff fest.

„Noch nich aufstehn“, brummt jemand neben mir. „Lass meinen Arm los, Lena! Schlaf weiter!“

Huch? Wo sind Kay-Konny hin? Wie komme ich unter meine Bettdecke? Ich muss laut gähnen. Oh, erst kurz nach vier. Meinen fiesen Glibberschleim-Traum lasse ich unter meinem Kissen verschwinden …

Anna hat auch vom Fliegen geträumt, aber nix vom Klettern. Nicht von Kay-Konny. Dafür von Benbasti. Die beiden kichern albern, als wir noch vorm Frühstück unsere Träume austauschen.

„Stellt euch vor, wir Ärmsten mussten beide ausgerechnet von euch träumen." BB grinsen frech und unverschämt süß.

„Ach ja. Träumt ihr immer was zusammen?", lästert Anna.

„Ziemlich oft", sagen die beiden. Das passiert sogar Kay und ihrem Daddy öfter, erinnern sie sich. Tja, Zwilling muss man sein. Einer alleine kann sich so ´ne Menge Blödsinn gar nicht einfallen lassen. Nicht mal im besten Traum.

MARIE: „Wenn mir DAS einer vorher erzählt hätte! Zwillinge jetzt sogar hoch DREI! Und die sehen sich so gleich wie Hühnereier. Diesen Biermann-Daddy soll einer von seinem Onkel-Bruder unterscheiden! Wie heißen die beiden? Kay-Konny? Konny und Kay? Unverschämt attraktiv sehen sie allesamt aus. Auch die Svea ist ein auffallender Typ Frau. Eine Familie zum Anbeißen! Und das kleine Paulchen ist einfach zum Knutschen süß. Wie eine Puppe."

IHR QUENGELCHEN: „Ob dieser Kay-Zwilling auch Kinder hat? Womöglich noch mal Zwillinge?"

MARIE: „Das werden Annalena bald wissen, meine zwei neugierigen Nasen, und es mir brühwarm berichten. Spätestens morgen beim Mittagessen."

I.QU.: „Ich habe so das unbestimmte Gefühl, Marie, aus deinem Erhol- und Gammel-Urlaub wird eher eine Spaß- und Mitmach-Woche. Und nicht nur vielleicht ist es genau das, was du gerade unbedingt gebraucht hast!"

MARIE: „Wenn DU das meinst, mein oberschlaues Quengelchen. Ich lasse mich sehr gerne überraschen."

3. Kapitel: Wie geht es deinem Fuß, Marie?

Heute Morgen ist Kids-Programm auf den Tennisplätzen angesagt. Unsere Mutter zieht mit ihrer Wandergruppe los. Zünftig mit Bergstiefeln, Hut und Rucksack, nachdem Svea versprochen hat, uns vier Zwillinge im Auge zu behalten. BB haben ihre eigenen Tennisschläger dabei. Andi und der Josch, die Tennislehrer, drücken uns Schläger in die Hand. „Das erste Mal für euch?“, will der Andi wissen. Wir nicken brav und stellen uns vor als ANNALENA. „Versuch ´s gar nicht erst, uns auseinanderzuhalten“, schlägt Anna ihm vor, lässig und mit ihrem `Ich-find-dich-süß-Blick´.

Na ja, so einfach, wie es bei allen anderen aussieht, ist es eher nicht, die Bälle nicht nur zu treffen. Nein, flott und elegant übers Netz müssen sie dabei. Nach unserer ersten Trainingseinheit bin ich echt geschafft vom vielen Rennen über den heißen roten Sand. „Macht ´s wenigstens Spaß, Annalena?“, amüsieren sich BB deutlich. Irgendwie schon, schnaufen wir. Ist gewöhnungsbedürftig diese Rennerei.

Danach lümmeln wir uns auf den Zuschauerstühlen und beobachten das Doppel der Biermann-Zwillinge. Daddy plus Ben gegen Kay plus Bastian. Richtig gut sind die vier, soweit ich Anfänger das beurteilen kann. Reichlich laut und unermüdlich feuert Anna sie an.

Mir fallen immer wieder die Augen zu. Ist ja viel zu heiß für Tennis. Ich schrecke hoch. „Lena-Schlafmütze!“ Die helle Stimme kann nur einem gehören. „Ach, Paulchen, hast du mich erschreckt!“ Wo steckt mein Zwilling? Ach nee! Der sammelt den Biermännern die gelben Bälle ein. Typisch meine Anna! Überall den dicken tollen Molly machen.

Hey, und wer sitzt da oben auf dem Punktrichterstuhl? Lange, sehr braune Beine, schwarzer Pferdeschwanz, weiße Tennisshorts. Hab ich hier noch nie gesehen. Kay-Konny winken zu ihr hinauf. Sie macht auf mega-schön, mega-cool und mega-sexy.

Ich reibe meine Augen etwas munter, schlendere an die Absperrung. „Hi, Lena!“, kreischt Anna. Paula grapscht nach meiner Hand. Okay! Meinetwegen! Gehörst halt dazu, du süßer Nervi. Kannst ja nix dafür, wenn du keinen Zwilling mehr abgekriegt hast.

Den Zwillingsmännern läuft der Schweiß. Schluss für heute. Was Kaltes zu trinken für alle. Der schwarze Pferdeschwanz hockt sich prompt dazu. He, willste was von Kay, Tusse? Ich beobachte diese neue Gruppe argwöhnisch.

„Das muss aber jetzt echt nicht sein, lieber Kay“, denke ich. Der flirtet wahrhaftig mit der Zicke. Oder ist das etwa Konny? He! Für den muss es erst recht nicht sein!

Und was für zwei braungebrannte Typen sind das da hinten jetzt? Mal geschätzt mittelalt, mittelgroß, mittelattraktiv. Pferdeschwanztussi will sich sofort bei denen einschleimen, wackelt betont mit den Hüften. „Nanu? Wieso interessieren die Neuen sich nicht für mich, die Allerschönste hier?“ Bei Anna geht nix ohne spotten. „Neugierig sind wir ja nicht, aber wissen wollen wir schon, was da Sache ist.“ BB grinsen böse. Sie gehen schnurstracks auf die beiden Männer zu und schlagen ihnen ein Doppel vor. Wie bitte? Spinnen die? Bei der Hitze noch mal auf den Platz?

Pferdeschwanz rutscht neben uns auf die Bank, stellt sich mit überheblichem Lächeln als `Kunst-Studentin ELIZA aus München-Schwabing´ vor. Wir können sie ruhig LIZA nennen. Na dann! Eine Weile schauen wir zu und wundern uns, wie fit BB noch sind. Irgendwann meint Anna: „Wir gehen lieber Reiten, was, Lena?“

Anna wird mal Schauspielerin. Reiten können ist dafür absolutes Muss. „Hm, Tennis ist mein Ding eher auch nicht so gewaltig“, brummle ich gähnend.

Liza mischt sich ein: „Tennis ist doch ober-cool. Wenn ich richtige, durchtrainierte Partner habe. Nicht bloß solche Schwulis.“

Häh? Meint sie die beiden dunkelhaarigen Neuen? Anna zieht die Augenbrauen zusammen. Hat Liza womöglich Recht? Wir beobachten das Doppel jetzt gezielt.

„Woran erkennst du Schwulis, Liza?“, platzt Anna raus. „Steht doch nix dran an denen.“

„Ganz easy.“ Liza schlägt lässig die mega-langen Beine übereinander. „So was hab ich im Blick.“

BB gucken reichlich schräg, als wir ihnen das nach dem Match erzählen. Bastian tippt sich ein Vögelchen. „Diese Eliza hat anscheinend ein echtes Problem. Das sind eher Brüder. Ricardo und Ronaldo aus Verona. Sprechen astrein Deutsch. Sind voll okay, die beiden.“

Anna musste gleich am ersten Tag ihre Fühler im Hotel ausstrecken. Die bildhübsche Tochter vom Manager hat sie uns rangeschleppt. Olivia, wie wir gerade dreizehn, ist froh über Abwechslung und hat Zugang zu den Gästelisten. Ja, wenn Anna was rauskriegen will, dann kriegt sie das spielend raus. Mit boshaft-breitem Anna-Grinsen klärt sie uns auf über Lizas SCHWULIS. Diese beiden Italiener sind tatsächlich Brüder. Tja, und man staune nicht schlecht:

Sie sind beide am 19. 9. 1989 und beide in Verona geboren. Na fein, was für ein Zufall mal wieder!

„Häh? Und wieso sehen sie sich kaum ähnlich?“ Ich stehe auf der berühmten Lena-Leitung.

„Hopphopp, aufwachen, Lena! Nicht alle Zwillinge auf dieser Welt sind ein-eiig. Schon gewusst?“, spotten BB über mein verdattertes Gesicht.

„Sollen wir ´s wunderschöne Lizaschätzchen aufklären?“ Anna guckt scheinheilig. „DAS soll sie mal schön selber rausfinden. Ohne Olivias Hilfe.“ BB sind sich einig.

Und schon ziemlich bald, beim Sonnen am Pool, kriegt Liza DAS raus. Da steht nämlich wie aus dem Boden gewachsen eine rassige Italienerin neben Ricardo. Die beiden knutschen ausgiebig. Ronaldo kommt dazu, an jeder Hand einen Winzling mit dunkelbraunen Locken. Na dann, du oberschlaue Kunst-Eliza! Sperr mal deine geschminkten Augen weit auf. Sogar total süßen Nachwuchs haben deine `Schwulis´, - jedenfalls der eine. Liza versteckt sich auf ihrer Liege hinter einer Zeitschrift. Ist ihr da was peinlich?? Oder ist das für unsere Pferdeschwanz-Schönheit ein Fremdwort?

„Hübsch riesiges Fettnäpfchen“, meint Bastian trocken. „Und wir Zwillinge haben noch mehr Verstärkung“, freut sich Ben. „Auch wenn man ´s bei denen erst auf den zweiten Anlauf erkennt.“

„Huhuu, ihr Sportler!“ Mit Paula an der Hand nähert sich Svea. „Krieg ich auch was Kühles ab?“ Sie knutscht Daddy kurz, setzt sich neben ihn an den Beckenrand und tunkt die Füße ins Wasser. Anna beachtet mich kein bisschen mehr. Hockt da zwischen BB, quietschvergnügt, und giggelt mit ihnen rum wie ein albernes Gänschen.

Holla, bin ich hier verkehrt? Meine Hand wird geknetet. „Du bist toll, Lena!“, flüstert es an meinem Ohr. Ach, Paulchen, wie kannst du uns beide eigentlich unterscheiden? „Willst du auf den Spielplatz, Paula?“ Die Grauaugen leuchten auf. „Mit dir, Lena?“ Nur Svea nickt uns zu, als wir zwei verschwinden. Langweilige Blödies allesamt. Ich knirsche mit den Zähnen, lasse mich mitziehen von dieser kleinen weichen Patschhand.

„Ich will auf die Rutsche, Lena!“, bestimmt Paula. Zusammen haben wir unseren Spaß. So übel ist die Kleine gar nicht. Andere Minis wollen auch rutschen. Mit Anstehen also. Zwei junge Frauen sitzen am Rand der großen Sandkiste und quatschen. Die eine hat lange schwarz-glänzende Zöpfe und schlanke braune Beine. Ist das auch so eine von diesen abgefahrenen Kunststudentin-Typen wie unsere, ach so allerallerschöönste, Münchner Eliza vom Tennisplatz? Arme Marie! Bei so viel Konkurrenz! Zum Glück ist unsere Mutter nicht auf Männerfang. Na ja, jedenfalls weiß sie das bisher noch nicht. Lassen wir ihr erst mal ihre treufröhliche Wandertruppe.

Tja, falsch gedacht, Annalena. Bei diesen treu-fröhlichen Wanderern gibt es auch treu-nette Männer. Allerdings kein Vergleich mit Kay-Konny. Mam ist trotzdem begeistert, obwohl ihr die dicke Blase an der rechten Ferse zu schaffen macht. In den offenen Sandalen kann sie ihr Pflaster leider nicht verstecken. Svea zeigt großes Mitleid. Sie hat sich schon mehr als genug Blasen erwandert, erzählt sie. Die Männer interessiert das allerdings nicht die Spur.

Sofort nach dem Abendessen taucht Kay wieder mal ab und bleibt für den Rest des Abends verschwunden. Keine Spur auch vom schwarzen Pferdeschwanz. Dafür entdecke ich die schwarzen Zöpfe an dem Tisch neben dem Eingang. Mehrere Minis sind da versammelt. Nix Studentin? Einen Mann dazu sehe ich nirgends.

Anna ist mächtig aufgedreht, gackert rum wie eine Henne beim Eierlegen und labert reichlich dummes Zeug daher. Mich beachtet sie wieder kaum, schwatzt unsere Mam voll mit Tennis. Die schwärmt auffallend munter von ihrer herrlichen Kraxelei am Berg, trotz der Riesenblase.

Auf dem Weg zu unseren Zimmern stellt sich uns einer in den Weg: Größerer, eher vollschlanker, mittelalter Typ. Hab ich den bei der Wandertruppe gesehen?

„Wie geht es deinem Fuß, Marie?" Mam lächelt zu ihm auf. Irgendwie zu vertraut scheinen sie miteinander zu sein. „Danke, Hubert! Ein kleines, aber ziemlich schmerzhaftes Andenken an diesen wunderbaren Tag. Das wird schnell heilen." HUBERT! Ahaaa!!! Na, prima, Wander-Mutter!

„Sehen wir uns morgen, Marie?", erkundigt sich dieser Hubert beinahe schüchtern, schaut uns dabei neugierig an.

„Deine Töchter?" Seine Augen werden groß. „Wie ein Ei dem anderen ähnlich." Schmunzelnd streckt er mir die Hand hin. „Hallo! Ich bin der Hubert." Betont höflich sage ich: „Annalena. Auch Hallo!"

„Grüß dich, Annalena." Die Stimme klingt sympathisch. Auch Anna wird begrüßt und antwortet ebenso höflich: „Annalena. Hallo!" Das verschmitzte Anna-Grinsen fällt anscheinend nur uns beiden auf.

Hubert stutzt: „Ach? Ihr habt denselben Namen, Kinder?" Kichernd klärt unsere Mutter ihn auf. Er schafft ein reichlich unsicheres Schmunzeln: „Darf ich euch später noch auf ein Schlückchen in die Bar einladen, Marie und ihr Annalenas? Falls ihr drei … ähm, nichts Besseres vorhaben solltet?"

Upps! Absolutes Kontrastprogramm zu Kay-Konny!

„Wir … sind schon verabredet“, platzt Anna fix raus. „Okay, Annalena! Aber ich habe Zeit und komme gerne.“ Mam lächelt den Kontrast-Hubert entschuldigend an.

„Fein! Wenn deine netten Zwillinge dir frei geben, Marie, dann freue ich mich ganz besonders auf dich.“

Anna prustet los und verschwindet hastig in unserem Zimmer zu ihrem üblichen Lachanfall. Unsere Mutter ist also bestens versorgt, wie es scheint. Dieser Abend gehört uns, bedeutet das, freut sie sich.

Blöde Kuh, knurre ich in mich rein. Habe etwa ich, dein genervter Zwilling, jetzt noch Bock auf dich und dein dämliches Benbastian-Generve? Denkste dir so, Schwester!

Dann wird unser dritter Abend allerdings noch richtig gut! BB schleppen uns ab an den erleuchteten Pool. Dicht nebeneinander hocken wir am Rand, die Füße im angenehm warmen Wasser, und erzählen.

BB machen tellerrunde Augen, als wir ihnen beichten: nämlich unsere Marie-Verkuppel-Pläne. Anna rutscht dabei immer näher an Bastian ran. Ich beschließe, ich gönne es ihr großzügig. Anscheinend braucht sie das urlaubsmäßig. Wir reden uns immer mehr in Rage alle vier.

Onkel Kay und unsere Marie? Wäre das die Lösung? Nee, nicht wirklich, finde ich und bringe diesen höflichen Langweiler, den Hubert, ins Spiel. Der scheint bei unserer Mutter ganz gut anzukommen. „Ganz gut? Pah! Das reicht ja wohl vorne und hinten nicht!“ Empört blitzt Ben uns an. „Funken muss es! Peng-Peng! Krach! Bumm!“ Anna nickt wissend. „Also ich täte voll abfahren auf euren Onkel.“

„Wenn du Mam wärst“, stelle ich richtig. Und denke: `Fährst ja schon deutlich genug auf wen anderes ab, du neunmal verrücktes Schwesterherz´.

„Bist du aber leider nicht, Annalena“, grinst Bastian.

Anna gackert albern und boxt gegen seinen Arm.

„Man müsste … na ja, vielleicht gezielt was nachhelfen." Ben zieht die Mundwinkel weit nach oben.

„Bei allen beiden. Das isses!" Ich nicke wichtig.

Der schwarze Pferdeschwanz wedelt mir durch den Kopf. Ob der Kay-Onkel etwa auf so was Mega-Schönes abfährt? Wir sind einigermaßen ratlos. „Morgen müssen wir eure Marie und unseren Kay endlich mal zusammenbringen." Entschlossen schaut Bastian uns an. Jetzt nicken gleich drei Köpfe gleichzeitig.

Vormittags ist Kinderprogramm im Wald angesagt. Mit großer Schatzsuche und später Badespaß am grün-kalten Bergsee! Dann könnten doch Svea und Daddy unsere Mam beschwatzen zu einem Erwachsenen-Morgen-Ausflug. Und einfach rein zufällig wäre dann der liebe Kay mit von der Ausflugs-Partie, sozusagen.

„Auch so ´ne Art Schatzsuche, hihihi", kichert Anna los. Wir beenden den Abend mit einer ausgiebigen Wasserschlacht und fallen danach völlig aufgekratzt in die Betten. Reden uns weiter die Köpfe heiß. Ach, Mütterlein, noch volle vier Tage geben wir dir. Zum Glück haben wir inzwischen männliche Verstärkung durch unser Kleeblatt.

„BB sind voll okay", murmele ich, während ich versuche einzuschlafen. „Hmmm", brummelt Anna und ist bereits ins Reich wunderschöner Träume gerutscht. Ich liege noch eine Zeitlang wach. Zu vieles spukt mir rund durch den Kopf.

Ich stelle mich aber tot, als Mam leise die Tür auf und gleich wieder zumacht. Hach, wenn du wüsstest, geliebte Mutter! Ich träume prompt vom ach so netten Hubert. Von steil abfallenden Felsen, einem herrlichen, leuchtend-bunten Wiesenblumenstrauß und dicken Blasen an beiden

Füßen. Ähnliches berichtet Anna beim Aufwachen. So ist das halt öfter bei Zwillingen. Ist echt spannend, wenn wir unsere Träume vergleichen. Könnten wir sie doch am Abend einfach beide zusammen weiterträumen!

MARIE: „*Verflixte Blase! Leider ein weniger hübsches Andenken an diese wundervolle Tour auf den Berg.*"

IHR QUENGELCHEN: „Bist doch selber schuld, Marie! Hättest dir ja am Gipfelkreuz schon ein Pflaster draufkleben können. Der liebe höfliche Hubert hätte dir garantiert gerne geholfen, stimmt ´s? Tja, wie blöd kann man nur sein, sich nur Leid zu tun und trotzdem die Zähne zusammenzubeißen. Bloß niemals schlappmachen, nicht wahr? Dieser Hubert hätte das verstanden, auch garantiert!"

MARIE: „Bei dem coolen Kay wäre ich mir da weniger sicher. So einer kennt keinen Schmerz."

I.QU.: „Hilfe!! Oh nein, Marie, so einer ist für dich einfach zu schön, um wahr zu sein. Zu attraktiv, meine ich."

MARIE: „Ob meine Zwillinge denken, mit diesem Kay würde ich es auf einen Urlaubsflirt ankommen lassen? Oder warum haben sie den Hubert so abschätzend gemustert. Von oben bis unten und zurück! Wie peinlich können sie sein, die kleinen Biester!"

I.QU.: „Dass ein Mann einfach nur nett sein kann, kommt für sie gar nicht in Frage. Total uncool, dieser Wandertyp, werden sie spotten. Unsere hübsche Mam steht doch nicht ausgerechnet auf DEN?"

MARIE: „Ach, meine geliebten Zwillinge, habt ihr eine Ahnung, wie schnuppe sie mir allesamt sind, alle diese schönen und nicht ganz so schönen Mannsbilder. An meinen PATRICK kommt sowieso keiner ran. Aus! Schluss! Vorbei! Und außerdem müsste einer, den Annalena akzep-

tieren würden, erst frisch gebacken und mit extra viiiel Zuckerguss und Schlagsahne serviert werden."

I.QU.: „Puh, Marie, machst du dir sinnlose Gedanken! Schlaf endlich und träum schön vom Gipfelkreuz und dem märchenhaften Ausblick da oben."

4. Kapitel: Abend-Knutscherei im Pool

Schon früh weckt mich mein Zwilling: „Raus mit uns, Süße! Heute geht ´s in den Wald, ´ne Runde Schatzsuchen. Und danach gibt ´s den großen Badespaß für alle Kids im See. Und dann noch in die Luft! Full action den ganzen Tag!"

Ich finde mich vor meinem Bett. Genau davon habe ich nämlich eben noch geträumt, ganz intensiv sogar:

Wir vier Zwillinge hielten uns an den Händen, sprangen auf Kommando aus einem Flugzeug, schwebten in weißen Wolken. Mittendrin, wie in dickem Nebel. Ich hielt die Finger von BB umklammert. Angst war da nicht mehr. Wie im Himmel fühlte es sich an in der Wolke. Plötzlich war da die leise Stimme unserer Mam: „Annalena, wo seid ihr?"

Wir purzelten alle vier aus dem Wolkenhimmel, sausten auf die Erde zu, immer schneller … Mit einem Plumps bin ich gelandet, halb auf Anna, halb auf Ben, - oder Bastian?

Ich hole tief Luft. Soll mir genau das heute etwa in echt passieren? Ein dicker kalter Schweißtropfen läuft mir über den Rücken. Mir ist kühl ohne meine warme Bettdecke. Anna scheucht mich gnadenlos unter die Dusche. Normal fühle ich mich erst nach dem Frühstück, bei dem mir heute mal nach Schinkenrührei ist. Und einem großen Glas vom roten Multivitaminsaft. „TANDEM-FLIEGEN." Anna lässt das Wort im Mund zergehen, nachdem sie meinen Traum erfahren hat. „Ich will übrigens mit KONNY fliegen."

„Ich will mit … nöö, eigentlich gar nicht fliegen", schlucke ich gerade noch mit dem letzten Happen Rührei runter.

Nee, Lena, gekniffen wird auf gar keinen Fall!! Das überlassen wir unserer Mutter. Sie weigert sich stur und standhaft, sich auch nur für einen einzigen Millimeter über den sicheren Erdboden zu erheben. Ein Wunder, dass sie ihren Töchtern überhaupt das Mitfliegen erlaubt. Der Punkt geht an Svea, die sie hartnäckig bearbeitet hat und von diesem unbeschreiblichen Gefühl der `Freiheit über den Wolken´ überzeugen konnte. Hundert Extra-Punkte, du liebe Svea. Ihr „Bitte-Marie-sei-tapfer-und-sag-Ja!“ hat dieses Wunder bewirkt. Vorsichtshalber haben wir nämlich die Biermänner eingeweiht, was mit unserem Piloten-Vater passiert ist.

Deshalb wird ihr auch keiner zureden. Nach dem Bundeswehr-Hubschrauberabsturz über Afghanistan wird unsere Mutter in kein Flugzeug der Welt mehr einsteigen. Logisch hoch hunderttausend! Mir grummelt es ziemlich im Bauch. Ich fühle eine warme Hand auf meiner Schulter. „Dem alten Flugexperten Kay kannst du dich getrost anvertrauen, Annalena. Der hat immer noch alle Leute sicher runtergeflogen. Und das schon jede Menge. Zuerst zeigen dir mal der Basti und sein Onkel, wie das abläuft. Danach willst du nix anderes mehr, als mit mir zu starten. Worum wetten wir?“ Verzweifelt versuche ich, ein mickriges, verlegenes Grinsen in mein angstblasses Lena-Gesicht zu zaubern.

„Stell dich nicht albern an, Lena-Schisser!“, brumme ich mir Mut zu, während ich den Flug von Ben und Daddy gespannt und mit heftigem Herzklopfen beobachte. Und danach den von Bastian und seinem Flugexperten-Kay-Onkel mit schon weniger Herzklopfen. Kay gewinnt seine Wette hundertpro. Kaum sind wir in der Luft, ist mein Herzklopfen wie weggepustet. Sooo überwältigend, ja, einfach irre, habe ich mir meinen ersten Tandem-Flug nicht vorgestellt. Erst recht nicht im schönsten Traum.

Unsere Mutter nimmt uns nach der sanften Landung in Empfang mit einer undefinierbaren Mischung aus Loslachen und Losheulen. Ich verkneife mir, ihr Mut zuzureden. Das muss von ihr selber kommen. Irgendwann mal, - vielleicht? Dazu braucht sie sicher noch viel Zeit. Das verstehen wir alle nur zu gut. Anna lehnt sich an Bastians Schulter. „Das könnte ich jeden Tag drei Mal machen", schwärmt sie lautstark und verdreht entzückt die Augen.

Svea verzichtet heute aufs Fliegen, wegen Paula. Die ist wütend, weil sie absolut nicht einsieht, warum sie dafür noch nicht groß genug sein soll. Mam drückt sie an sich. „Zugucken ist doch auch fantastisch. Wir drei sind halt das Publikum. Wir müssen staunen und laut klatschen. Okay?" Paula guckt sie verwundert an. „Danke, Marie!", sagt Svea und zaubert einen Schokoriegel aus dem Rucksack. Nur für Paula ist der. „Außerdem machen wir nachher ein feines Picknick am Berg", setzt Mam noch eins drauf auf den Extra-Schoko-Genuss.

So rundrum zufrieden müsste unsere Mutter öfter gucken, denke ich, als wir uns später die leckeren Sachen aus den dicken Rucksäcken schmecken lassen. Kay-Konny flirten abwechselnd süß mit ihr, und das genießt sie sichtlich. Anna stupst mich an. Ich blinzle ihr zu. Zwillinge verstehen sich ohne Reden. Meistens! Auch BB kapieren ohne viele Worte und kaspern übermütig mit ihrer kleinen Schwester herum.

Natürlich sitzen die Erwachsenen abends noch eine Runde zusammen an der Bar. Sogar Kay-Bruder gibt sich die Ehre! Wir staunen! Paula spielt mit den drei Zwergen von der Frau mit den schwarzen Zöpfen auf der Wiese Fußball. Wir Kleeblatt wollen am Pool ungestört Kriegsrat halten.

„Grüß Gott, ihr Zwillinge!“, tönt es hinter uns. „Hattet ihr einen schönen Nachmittag beim Fliegen?“ Upps! Woher weiß denn DER, was wir vorhin gemacht haben?

„Klaro! War volle Pulle krass!“, antworten BB. „Müssen Sie auch mal machen.“ Hubert verzieht die Mundwinkel, allerdings bergab. „Oh, danke, das lieber nicht, Kinder. Bei meiner ausgeprägten Höhenangst!“ Dann wendet er sich an mich: „Wo finde ich denn eure reizende Mutter, Annalena?“

Hallo, die sollst du gar nicht finden, du nettes Hubertchen, möchte ich ihn irgendwie abwimmeln. Anna ist schneller: „Die ist leider gerade sehr beschäftigt. Dauert länger, würde ich sagen. Morgen hat sie mal wieder Zeit, - vielleicht.“

Der Hubert guckt deutlich gefrustet. „Soso. Ich verstehe. Bestellt ihr meinen Gutenabendgruß, Annalena, bitte?“

„No problem! Machen wir doch gerne.“ Das kommt betont freundlich von BB. „Schlafen Sie gut, Herr Hubert“, ergänzt meine Schwester. Klebhonigsüß ihre Stimme und mit ihrem treuen Hundeblick. „Kranz!“, korrigiert der Hubert. „Ich heiße Hubert Kranz. Ihr dürft mich allerdings auch Hubert nennen. Also schlaft ihr ebenso gut, meine vier Hübschen!“ Wir beherrschen uns, bis er im Hotel verschwindet.

„Wow! Das soo nette Kränzchen. Ist das etwa scharf auf unsere arme Marie?“, seufzen BB.

„Ich fürchte ja“, seufzen wir gleichzeitig. Dann kichern wir los und können uns kaum einkriegen. Endlich hebt Ben die Arme gen Himmel und verdreht die Augen. „Genau das muss ab sofort verhindert werden, ihr tapferen Zwillinge!“

„Mit allen uns zur Verfügung stehenden Mitteln, Leute!“, tönt Anna, als würde sie auf einer Bühne deklamieren, vor großem Publikum. Wieder prusten wir alle vier auf einmal los. Allein diese Wahn-Vorstellung ist absolut hirnrissig:

Unsere süße Marie und der liiiebe Hubert Kranz!

„Das Hubertchen mit dem grünen Kranz“, giggelt Anna. Mir tut er ein bisschen leid. Bestimmt ist er doch ganz okay.

Irgendwie mag ich seine Augen. Dunkelbraun. Kommen sie mir sanft vor und eher traurig? Kann halt nix für die viel zu scharfe Konkurrenz von Kay-Konny, der arme Mann.

„Mal Schluss mit lustig, Zwillinge!“ Bastian wird plötzlich ernst. „Wie geht das jetzt weiter mit unserer Kuppelshow? Denkt ihr daran auch mal wieder?“ Nicht wirklich, geben wir zu, etwas kleinlaut. Traurige Tatsache ist:

Am Wochenende fahren wir alle wieder nach Hause. In verschiedene Richtungen, leider. Aus! Schluss!! Vorbei!!! „So ´n dämlicher Quatsch!“, knurrt Ben. „Hört zu, Leute! Wir müssen was arrangieren. Ein Treffen von uns allen, und zwar ganz schön bald!!“ Gute Idee! Aber WANN? Und vor allem WO??? Und wie kriegen wir unsere Mutter dazu, mit uns irgendwohin zu fahren? Denn für sie muss es die Mega-Überraschung werden. Wie wir sie kennen, hakt sie den obercoolen Onkel Kay schnellstens ab, sobald uns der Alltag wieder hat. Und das war ´s dann jedenfalls mit Urlaubsflirt. „Glaubt ihr das echt?“ BB tippen sich synchron an die Stirn. „Auf Kay fährt jede halbwegs normale Frau total ab.“

„Tja“, stöhne ich. „Exakt das ist der Knackpunkt. Wenn der coole Kay vielleicht einfach viel zu cool ist für unsere halt eher nicht so normale Mutter?“ Nachdenklich starren wir uns an. Und dann starre ich an BB und Anna vorbei … und fasse es nicht. Anna und BB starren jetzt auch, nämlich in Richtung Hoteleingang. Da kommen unsere Erwachsenen gerade raus. Lachend, laut und deutlich seeeehr zufrieden??

Ach nee! Da ist nämlich noch jemand dabei, der da absolut nix zu suchen hat. Schwarzer Pferdeschwanz, knallenge weiße Leggins, knalliges Makeup. Das Ganze, dichter als dicht - (Aber hallo!!), neben supercoolem Kay! Dahinter unsere Marie mit angefrorener Miene, - eisig oder was?

„Heee, was will denn DIE Tusse!" Die Augen von BB sprühen wildeste Funken. „Na warte, Liza!", grollt Anna. Ich kann kaum so fix gucken, wie sie aufspringt und auf die Gruppe zustürzt. „Hey, Kay-Konny!" Schon hängt sie an Kays Arm. „Spielt ihr noch ′ne Runde Wasserball mit?", tönt sie überlaut. Verblüfft schauen Kay-Konny zu uns herüber. „Waaas? Jetzt … noch?", höre ich Mams eher undeutlich genuschelte Frage.

„Stimmt! Kinder gehören um diese Zeit längst in ihre Heia-Betten." Der Pferdeschwanz guckt uns herausfordernd an. „Das könnte dir so passen, Tusse!", knirscht Ben. „Du brauchst erst noch ′ne hübsche Pool-Dusche. Extrafrisch!" Schon hüpfen wir aufgeregt um die verdutzten Großen herum. „Bitte-Bitte!" Vierstimmig schreiend zerren wir Kay-Konny unnachgiebig hinter uns her.

„Okay, okay! Zwillinge sind ja keine Spielverderber." Kay zerrt sich das Poloshirt über den Kopf und streift die Jeans ab. So fix waren wir noch nie aus unseren Klamotten. In \`Reizwäsche′ hopsen wir als Kette ins Wasser. Direkt neben mir taucht Kays Kopf auf. Oder gerade der von Konny?

„Toll gemacht, Annalena!“ Lachend winkt er den Frauen zu. „Wo bleibst du, Bruder?“ Der landet zwischen BB.

Im beleuchteten Pool geht jetzt die Post ab. Und unsere drei ahnungslosen Zuschauer werden mal fix noch frisch `geduscht´. Pardon! Rein zufällig! Oh! So sorry!!!

„Ihr Ferkel!“ Kreischend verziehen sich Svea, Marie und Eliza. „Jede Wette, die Schönheit würde liebend gerne auch reinspringen. Das wäre doch ihre Spät-Abend-Show! Wenn dabei nicht das liebliche Makeup mit baden ginge“, lästern Ben und Kay-Onkel. Und dann trauen sie ihren Augen nicht: Jemand anderes landet im Wasser. Mitsamt Sommerkleid! Dafür ohne Makeup und pechschwarzen Mascara!

„Maaam! Heeehh! Ich werd´ verrückt!“ Anna taucht vor Begeisterung ab. Ich verschlucke mich, huste wie wild und muss mir die brennenden Augen reiben.

„Seht ihr auch, was ich sehe?“ Ben strahlt wie der gelbe Vollmond. Der wichtige Strahle-Grund dafür:

Kay, der Ober-Coole, hat soeben die triefende Marie an sich gezogen und drückt ihr einen Kuss auf. „Ein Schmatzer vom feinsten! Bravo!“, brüllen BB und klatschen sich ab. „Jippiiieh!“, kreischt Anna, die gerade auftaucht, und packt mich an den Schultern. Mein Respekt, Marie! Das würde Hubertchen jetzt ausrufen. Ich muss heftig loslachen bei dem Gedanken. Dann brüllen wir alle vier zusammen unsere Begeisterung raus. Ach, Zwilling! Das Leben kann sooo mega-schön sein!! Aus den Augenwinkeln sehe ich den Pferdeschwanz über den Rasen davon wippen, ziemlich eilig sogar. Und stinkwütend? Geschieht dir recht, Eliza!

„Na also! Geht doch!“, schreien BB übermütig hinterher. Puh! Was gibt das jetzt? Du willst doch dem Kay nicht etwa eine scheuern, Mam? Ich halte die Luft an. Muss ihr doch voll peinlich sein, diese schnulzenfilmreife Knutscherei vor uns allen. Denkste, Annalena! Nix mit peinlich! Marie lacht laut auf, wischt die nassen Strähnen aus den Augen - und tunkt den Kay-Kopf unter. Ganz fest! Der ist fix wieder aufgetaucht, auf Tuchfühlung neben ihr, und weiter geht die Knutscherei. Uns steht buchstäblich der Mund offen.

„Eure Mam!!! Krasser geht´s nimmer!“, kommt der Kommentar von BB. „Echt voll stark, eure Marie!“

Das ist perfekt das runde Pünktchen auf dem kleinen `i´. Ich atme tiiiief aus und wieder gaaanz tief ein. Anna kichert los: „Der Zaubertrank! Hier?? In diesem Pool?? Wow!“

Bastian fragt treu-doof: „Wirkt der auch bei Kindern, - na ja, bei Jugendlichen?“ Anna nimmt den Mund voll Wasser. Häh, und was jetzt? Sie schwimmt dicht an Bastian ran und prustet ihm die volle Ladung in sein freches Grinse-Gesicht. Mittenrein! Zur Strafe wird sie von beiden BB getunkt, bis sie schnaufend um Gnade fleht.

„Sorry! War mal dringend nötig, Annalena!“ Ben lacht über mein dummes Gesicht. Er steht übrigens eher auf weißblonde Schwedenmädel mit lustigen Sommersprossen quer über die kecke Stupsnase. Diese nette May-Britt und ihre jüngere Schwester Ida scheinen ihm bombig zu gefallen. Mir allerdings auch. Die hätte ich gerne als Freundin, kann aber nur paar Brocken Schwedisch. Pech! Als Zwilling gibt es die beiden natürlich nicht. Ach, BB, was geht ´s mich an? Bin ich euer Babysitter, he? Und schon gar nicht der von meinem bis über die Ohrläppchen verknallten Zwilling. Na, sieht doch ein Blinder, wie sie sich an den Basti ranschmeißt. Mit beiden Armen gleichzeitig. Ich sag nix. Wozu auch?? Lass mich doch von DER nicht voll schwallen. Hab ICH das nötig? Ich träume trotzdem von den beiden. Und von Marie und Kay natürlich. Und diesen bescheuerten Traum möchte ich lieber kein zweites Mal träumen.

MARIE: „Au, mein Kopf! Da hämmert einer drin rum, als wollte er ihn platzen lassen.“

IHR QUENGELCHEN: „Ach nee! Wundert dich das? Du hast einen hübschen, ausgewachsenen Kater, liebe Marie! So nennt man diesen Zustand, den du nur bisher nie kennenlernen durftest. Wann hast du jemals so viel Alkohol intus gehabt? Du verträgst ja so gut wie gar nichts.“

MARIE: „Haben wir wirklich sooo viel durcheinander getrunken? Okay! Wir waren alle mächtig vergnügt und aufgedreht. Bin ich irgendwann in den Pool gehüpft? Oder habe ich davon geträumt? Jemand hat meinen Kopf festgehalten und meinen Mund ...“

I.QU.: „Hmm! So kann man das auch nennen.“

MARIE: „Wieso? Hab ich was Falsches gemacht? Etwa was völlig Peinliches???“

I.QU.: „Geknutscht habt ihr. Mitten im Pool! Es sah nach Mund-zu-Mund-Beatmung aus.“

MARIE: „Aber hallo! Jetzt mach mal halblang! So was würde ich doch nie tun. Du kennst mich doch!“

I.QU.: „Habt ihr aber! Bühnenreif! Mit Sonder-Applaus von allen begeisterten Zuschauern.“

MARIE: „Wer sind diese IHR?“

I.QU.: „Na klasse! Du warst ja wirklich voll bis obenhin, Marie. Sag bloß, du erinnerst dich wirklich nicht daran, wer dir deinen Mund verschlossen hat?“

MARIE: „Äh … Keine Ahnung! Und wie bin ich in mein Bett gekommen?“

I.QU.: „Vier kräftige Zwillinge waren dazu nötig, meine Liebe! Du hättest dich sehen sollen! Mehr sag ich jetzt lieber nicht. Und du lass dir bald mal eine Tablette geben und ein großes Glas kaltes Wasser dazu. Oder willst du dir diesen herrlichen Urlaubstag vermiesen mit deinem dicken Kater-Kopf und diesen winzigen Schweinsäuglein?“

5. Kapitel: Soll einer diese Erwachsenen kapieren!

„Guten …äh, … Morgen, Annalena! Frühstückt schon mal ohne mich, bitte.“ Ist das die Stimme unserer Mutter? Und wie sieht die überhaupt aus? „Ist was, Mam?“ Erschrocken schauen wir zur Tür.

„Geht gleich wieder“, krächzt sie - und geht gleich wieder. „Ob ihr so grottenschlecht ist, wie sie aussieht?“, überlegt Anna. „Eine Runde Mitleid?“ Nö, nicht wirklich. Da muss sie durch. „Was hat sie wohl alles durcheinander in sich reingekippt gestern an der Bar?“, überlege ich.

„Sie hatten alle zusammen ganz schön einen im Tee.“ Anna guckt mich vorwurfsvoll an, als hätte ausgerechnet ich das verhindern können. Ach nee, deshalb war unsere sonst total solide Mutter auf einmal so was von durchgeknallt!

„So völlig durch den Wind habe ich sie noch nie erlebt.“ Auch meine Stimme klingt jetzt beinahe vorwurfsvoll. „Glaubste vielleicht ich?“ Anna zieht ihre Nase kraus. „Passt eigentlich gar nicht zu ihr, oder?“

„Nö, eigentlich nicht. Aber lass ihr doch auch mal ihren Spaß! Wozu sind wir denn hier?“, verteidige ich unsere sündige Marie. „Weiß nicht“, brummelt Anna. „Heute guckt sie eher nicht wie Spaß. Warten wir am besten auf sie. Hab sowieso keinen obergroßen Morgenappetit.“

Kurz vor Ende der offiziellen Frühstückszeit schleppen wir unsere Mutter sozusagen nach unten ab. Ungewöhnlich winzig: ihre Schweinsäuglein. Ihr Hunger: unter null. Mit runterhängenden Mundwinkeln nippt sie widerwillig an ihrem extrastarken Kaffee. „Mein Kopf! Ah! Aua! Ich brauche ein Aspirin. Dringend!“, stöhnt sie mitleiderregend. Alarmstufe rot! Tabletten nimmt sie sonst nie! Wo kriegen wir das Zeug jetzt möglichst schnell her? Schon steht Anna am Tisch der Biermanns, wo Svea eben Daddy ein Tablettenröhrchen hinhält. Braucht der auch was gegen seinen Brummschädel?

„Holst du mir ein Glas Grander-Wasser, Annalena, bitte. Schön kalt.“ Ach, Mutter, für dich tue ich doch fast alles! Wenn ´s dir nur bald mal besser geht! Ich schiebe mich rasch zwischen den Tischen hindurch, vorbei an den schwarzen Zöpfen. Halt, heute ist daraus ein dicker Zopf geworden, ein echt sehenswerter schwarzer Zopf.

„Guten Morgen!“, grüße ich fröhlich. „Guten Morgen!“, piepst das Mädchen. Auf etwa drei bis vier Jahre schätze ich sie. Den größeren Bruder auf Schulanfang? Und der andere? Auch vielleicht drei oder vier? Na, holla! Sind die beiden Winzlinge womöglich auch … Zwillinge? Ziemlich gleich groß, beide dunkle kurze Haare. Gut, ein-eiig sind sie jedenfalls nicht. Das volle Wasserglas balanciere ich an diesem Tisch vorbei und sehe schwarzen Zopf endlich mal direkt von vorne. Sieht nett aus, eure Mama, denke ich. Irgendwo hab ich dieses wirklich hübsche Gesicht schon gesehen.

Ach, egal, - jetzt ist Mam wichtiger. Die Tablette wirkt langsam, aber sie wirkt. Trotzdem ist gerade nix mit fröhlich Rüber-Winken zum Biermann-Tisch. Da sind nämlich alle sechs Biermänner versammelt. Kay-Konny sehen alles andere als fit aus. Kay (äh, das ist doch Kay?) zieht den Kopf zwischen die Schultern. Er sitzt mit dem Rücken zu uns und denkt nicht dran, sich umzudrehen. Noch nicht mal ganz kurz. „Soll einer diese Erwachsenen kapieren!“, nuschelt Anna und löffelt missmutig ihre Schoko-Flakes weiter. Nur Paula kräht vergnügt zu uns herüber: „Huhuu, Annalena!“

Einer von den beiden Benbasti hebt den Daumen. Mit Fragezeichengesicht. Ist das Ben? Den Augenpunkt kann ich von hier aus nicht erkennen. Ich zucke mit den Schultern. „Woher soll ich das wissen?“, brumme ich und peile Mam an, nur kurz von der Seite. Sieht aus wie dreimal ausgespuckt, unsere Mutter.

„Wie bitte? Was … meinst du, Annalena?“, fragt sie.

„Äh, wieso? Ach, nix Besonderes, Mam.“ Wir schweigen uns an. Besser Klappe halten, signalisiert Anna. Ich schaue mich gelangweilt um. He, aber wen haben wir denn da?? Schwarzer Pferdeschwanz! Bäh!! Der kommt rein, steuert auf schwarzen Zopf zu, hebt kurz die Hand zum „Hallo!“ Den drei Kids wuschelt Liza durch die Haare, bevor sie sich zu ihnen setzt. Unsere beiden Tische ignoriert sie völlig. Selber schuld! Ich würde ihr wahnsinnig gerne die Zunge rausstrecken. Nee, das kann ich unserer Marie nicht antun. Ich grinse zu BB rüber. Die grinsen zurück und nicken Richtung schwarzem Pferdeschwanz. Fragen sie sich gerade das, was ich mich frage? „Du, Anna, guck mal da rüber!“ Mein Zwilling macht den meterlangen Giraffenhals. „Uff! Hallöchen, das ist doch unsere bildschöne Eliza“, flüstert sie und schaut wenig geistreich rüber zu BB.

„Aber was will DIE beim schwarzen Zopf?“, flüstere ich. „Gehören die zusammen?“ Anna muss brandeilig aufs Klo. Schon geht sie an dem bewussten Tisch vorbei. Keine zwei Minuten später schlendert sie auffallend langsam zurück, peilt mehr oder weniger unauffällig nach den beiden Frauen und den drei munteren Kiddies.

„Und?“ - „Was und? Ach so. Tja, irgendwie sehen die sich alle hübsch ähnlich“, murmelt sie, greift nach ihrem O-Saft-Glas. „Ohne - ja, das perfekte Makeup bei Eliza …“

„Du meinst …?“ - „Ich würd ´s nicht direkt ausschließen.“

Unser Mariechen ist mit ihren Gedanken ganz woanders. Sie kaut vollkommen abwesend an ihrem trockenen Toast, lässt ihren Kaffeerest kalt werden. „Ach, wisst ihr, ich leg mich noch eine Runde aufs Bett“, sagt sie nach einer Weile. „Ihr kommt klar, Annalena, ja?“

„Logisch, Mam! Melde dich, wenn du was brauchst.“ „Nichts als meine gestörte Nachtruhe. Wir sehen uns dann später. Macht bitte ausnahmsweise keinen Blödsinn!“ Wie ihr grauer Schatten schleicht sie sich davon. „Hihi, wer hier wohl Blödsinn verzapft? Komm, Lena, der Vormittag gehört uns, den Zwillings-Detektiven. Muss doch rauszukriegen sein, was in diesem Alphornladen läuft!“

Dasselbe sagen BB, als wir uns nach dem Frühstück auf dem Spielplatz treffen. „Jede Wette, unser Zwillingspaar mit der besonderen Glücks-Nummer vier. Ferienhotel ZUM FRÖHLICHEN ALPHORN-ZWILLING! Genial, oder?“ Ich meine: „Nix als Zufall! Ist mir auch wurscht, wenn bloß diese eingebildete Zicke Kay-Konny nicht weiter anbaggert. Kann sie uns nicht einfach alle in Ruhe lassen mit ihrem affigen Schöngetue?“ Oh, genau das tut sie. Als wir vier am Tennisplatz vorbeischlendern, hüpft sie wie ein tollwütiges Reh mit Schläger um zwei Typen herum. Auch schwarze, aber sehr kurze Haare, ziemlich gut gebaut. Eliza flirtet mit denen auf-Teufel-komm-raus-und-wieder-rein!

„Alles paletti!“ BB grinsen erleichtert. „Die wären wir vorläufig los!“ - „Wäre zu hoffen“, sagen wir nicht weniger erleichtert. „Wo treibt sich eigentlich euer cooler Onkel rum?“ - „Kay? Der liegt irgendwo klein und hässlich in ´ner dunklen Ecke und tut sich vermutlich reichlich leid“, meint Bastian ohne die Spur von Neffen-Mitgefühl.

„Der arme Onkel Kay!“ Mit wenigstens ´ner Spur Mitleid ist das Ben. „Kater oder Liebeskummer?“ Beides, sind wir überzeugt.

Schwarzer Zopf und die drei Kleinen marschieren zum Spielplatz. Wir zwinkern uns zu und ändern spontan unsere Richtung. „Machen wir mal kurz auf erfahrene Babysitter?“, schlägt Bastian vor. Wir hocken zu viert um die Sandkiste, albern mit den Kleinen rum, quatschen so ganz nebenbei mit der Mutter. „CHARLOTTA. Früher aus München“, stellt sie sich vor. „Und das sind unsere drei Schätzchen: Der Till-Rasmus, Olga und Oskar.“

Wir dürfen sie LOTTA nennen. JA! Olga-Oskar sind ihre Zwillinge. Zwei-eiige, versteht sich. Und nochmals JA! Die schöne Eliza ist tatsächlich ihr Zwilling. Wer hätte das geahnt? Lotta freut sich mit uns. So viele Zwillinge auf einen Haufen trifft man nicht allzu oft. Dass auch Kay-Konny ein-eiig sind, hat sie noch gar nicht bemerkt. Klar, sie ist ja auch schwer dauerbeschäftigt mit ihrem putzigen Nachwuchs. Von ihrem Liza-Zwilling hat sie selten Hilfe. Bildschöne Elizas brauchen halt ständig Abwechslung. Full Power von morgens an. Am liebsten rund um die Uhr.

„Logo, so kann man das auch nennen, du arme Lotta!“ Mein Zwilling bringt ´s wie immer auf den Punkt. „Wieso seid ihr beide so grundverschieden?“

Lotta schaut versonnen. „Das war schon früher so. Auch wenn wir dieselbe Frisur hatten und gleich angezogen waren, konnte uns jeder schnell auseinanderhalten.“

Ben schmunzelt: „Lass mich raten: Die große Klappe und das brave Mäuschen?“ Lotta nickt traurig. „Stimmt leider. Ich durfte ständig in Lizas glänzendem Schatten stehen. Sie musste unbedingt überall die Größte sein. Ich war ihr aber nie böse. Im Gegenteil. Ich fand sie einfach klasse und stark, und überhaupt war sie für mich eine tolle Schwester.“

„Guter Witz! Fragt sich, wer die tollere Schwester ist von euch beiden“, sagen wir ihr und meinen das alle vier total ehrlich. „Die Mami ist toller! Viiiel toller!“, ruft Till-Rasmus aus der Sandkiste. „Die Mami!“, kommt das Kreisch-Echo von Olga-Oskar.

„Wo steckt eigentlich euer Papa?“ Mit Feingefühl hat sie es nicht so, meine Schwester. Lotta lässt den Kopf tiefhängen. Wir erfahren: Ihr Mann, der CARLOS, ist seit zwei Wochen in der REHA. Nach einem Motorradunfall muss er dort allmählich und sehr, sehr mühsam wieder laufen lernen. „Scheiße!“, kommt es von uns Kleeblatt gleichzeitig aus vollem Herzen. Stockend erzählt Lotta. Wir schlucken. Was sollen wir ihr sagen?? „Irgendwie muss es weitergehen.“ Lotta kämpft vergeblich mit den Tränen.

„Und warum lässt dein Zwilling dich da so einfach hängen? Find ich ober-ober-fies!“ Anna schnauft wütend. „So ist sie nun mal.“ Lottas traurige Stimme ist kaum zu verstehen. „Ach so. Deswegen findet die auch nie ´nen gescheiten, ich meine halbwegs normalen Kerl!“, sagt Bastian. „Bloß so Typen zum blöd Anmachen!“, ereifert Anna sich giftig.

„Eigentlich tut sie mir leid“, seufzt Lotta und sagt das nicht bloß so daher. Ach nee! Wieso können Zwillinge so meilenweit voneinander weg sein? Würden wir in der Nähe wohnen, wüssten wir vier Leute, die gerne bei Lotta Babysitter machten. Aber Regensburg, denn da wohnt sie jetzt, ist zu weit entfernt von Göttingen und erst recht vom Rheinland.

MARIE: „Puh, fühle ich mich fies! So richtig neben der Spur. Musste ich das wirklich alles durcheinander trinken gestern Abend?“

IHR QUENGELCHEN: „Habe ich dich nicht gewarnt, Marie? Du weißt halt alles besser! Soll ich womöglich Mitleid haben?“

MARIE: „Sei du doch still! Darf ich nicht mal einen übern Durst trinken? Wir waren doch alle vier so toll drauf. Wann habe ich das letzte Mal laut und schallend gelacht?“

I.QU.: „Das ist ewig her. Du hast dir ja eingeredet, du hättest keinen Grund mehr zum Lachen. Hast dich ins hübsche runde Schneckenhaus verkrochen und dich bedauert.“

MARIE: „Ob Annalena spüren, wie einsam ich mich oft fühle?“

I.QU.: „Seit drei Jahren ohne Mann, das taugt nix! Deine cleveren Zwillinge spüren das sehr wohl, Marie. Sie trauen sich aber nie, es dir laut zu sagen. Obwohl du deinen Patrick jeden Tag vermisst, als wäre es gestern gewesen, als diese Schreckensnachricht kam, musst du dich endlich mal damit abfinden. Du kannst die Zeit nicht zurückdrehen.“

MARIE: „Ach, meinen Patrick gibt es kein zweites Mal. Ich werde nie aufhören, ihn furchtbar zu vermissen.“

I.QU.: „Und alle anderen Männer so furchtbar weit wie möglich von dir fern halten. Klar! Wenn Annalena irgendwann ihre Boyfriends anschleppen werden, stehst du dumm da. Alleine und verbittert. Na prima!“

MARIE: „Du hast gut reden! Garantiert zerreißen sie mich in der Luft, sobald ein neuer Mann bei uns auf der Matte stehen würde.“

I.QU.: „Da bist du dir sicher? Hast es ja noch gar nie probiert. Hast du sie mal gefragt, was sie davon halten?“

MARIE: „Das habe ich auch gar nicht vor. Und wenn wirklich mal ein Neuer in Frage käme, dann bitte kein solch obercooler Kay-Typ. Der passt doch zu uns wie die Wespe auf ´s Pflaumenmusbrötchen.“

I.QU.: „Wie kommst du denn darauf? Kennst du ihn schon so genau, - nach kaum drei Tagen?“

MARIE: „Ihn kennen? Nein, ich habe das einfach im Bauchgefühl. Keine vier Monate würde das gutgehen mit uns beiden. Stimmt, der Kerl hat einen Charme, da werden meine Knie weich wie Butter in der Frühlingssonne. Reicht das aber für eine gute Dauerbeziehung?? Nein!!!“

I.QU.: „Aha! Jedoch dein netter Hubert Wanderfreund, der wär´s, ja? Klar, er würde euch alle drei auf seinen liebevollen Händen tragen.“

MARIE: „Annalena würden sich irgendwann an seine Art gewöhnen. Und ich bestimmt auch!?“

I.QU.: „Armer Hubert! Euer Notnagel, sozusagen. Nein, dafür ist der wirklich zu schade, Marie. Und das nur, weil du dir einredest, für einen Kay-Typ seist du zu fad, nicht sexy genug, oder welcher Unsinn auch immer durch deinen hübschen Marie-Kopf spukt. Hallo, wach auf! Werde endlich mal erwachsen!“

MARIE: „Du bist gemein! Mach mich nicht lächerlich!“

I.QU.: „Das schaffst du schon selber. Aber ich habe Recht. Gib das doch ein einziges Mal zu! Kannst du mit bald vierzig Jahren eigentlich auch mal auf deine Herzgefühle hören, statt dich selber in die Mauerblümchen-Ecke zu drängen? Höre genau hin! Für welche Art von Kerl klopft dein Herz im Stolpertakt? Für Hubert? Für Kay? Für irgendwen anders?"

MARIE: „Stopp! Sag jetzt bloß nicht noch: Für Daddy-Konny!"

I.QU.: „Sollte ich das? Der ist ja leider vergeben. Da musst du schon mit deinen eigenen Zwillingen vorlieb nehmen."

MARIE: „Die für mich das Allerwichtigste auf der Welt sind. Das weißt du genau!"

I.QU.: „Mir kann es ja völlig egal sein, wer dir gefällt und wer nicht. Und Annalena wahrscheinlich irgendwann auch. Aber bitte höre auf, allen die trauernde Mutter vorzuspielen!"

MARIE: „Dann höre du endlich auf, mich zu nerven, du Quälgeist!"

6. Kapitel: Treffpunkt Elefantengehege??

Bis zum Mittagessen sieht unsere Mutter wieder ziemlich normal aus. Nur der Appetit will noch nicht so richtig, wie sie verlegen meint. Am Biermann-Tisch sind sie auch nicht vollzählig. Wer fehlt? Svea bekommt einen Kuss, also sitzt da wohl Daddy. Unsere für heute geplante Bergtour zur Alm wurde auf morgen verschoben. Ist sicher besser für unsere armen Leidenden. Dann soll auch das Superwetter zurück sein. „Heute sieht es nach Regen aus. Ich habe mich deswegen zur Massage angemeldet“, sagt Mam. „Das passt doch?“ Eifriges Zwillingsnicken. „Danach fühlst du dich wie neugeboren.“ Anna grinst verschmitzt.

„Das hoffe ich.“ Mam schiebt ihren halbvollen Teller zur Seite. „Habt ihr was Bestimmtes vor, Annalena?“

„Nöö. Nicht wirklich.“ Anna peilt kurz rüber zu Bastian. „Dürfen wir an den See?“ Mama nickt. „Warum nicht? Wenn Ben und Bastian mitgehen. Passt bitte auf, ihr närrisches Kleeblatt.“

„Ohne unsere Erziehungsberechtigten hat das was“, meint Bastian, als wir uns auf die Decken ins Ufergras fallen lassen. Nach Regen sieht es kaum noch aus. Anna legt die Sprudelflaschen ins Wasser. Ben holt Kekse und Kaugummi aus dem Rucksack. Wir liegen nebeneinander, Anna natürlich in der Mitte, dicht neben ihrem Schwarm. Auf Schwimmen hat noch keiner Lust.

Ben denkt laut: „Stellt euch mal vor, eure Mam heiratet den Kay, und dann kriegen sie noch Babys.“

Anna kichert: „Klar, das werden dann auch Zwillinge.“
„Warum nicht gleich Vierlinge?“, fällt mir ein. „Das lohnt sich noch mehr.“

Anna überlegt: „In zehn Jahren, wenn ich dann den Basti heirate, …“ Ben verbessert: „Wenn der Basti dich heiratet!“ Anna seufzt: „Okay! Auch so rum.“ Bastian guckt irritiert. „Was genau ist in zehn Jahren, Anna?“

Ben weiß es: „Dann kriegt ihr, logisch, auch Zwillinge!“

„Oh ja! Zwei süße Mädchen“, schlage ich vor.

„Nee, nee, zwei tolle Jungs, was, Basti?“ Ben grinst amüsiert. „Solche wie wir beide!“, grinst auch Bastian.

Anna winkt ab: „Ich bin für Mädchen. So blonde wie ihr, mit himmelblauen Augen und dichten Wimpern.“

Mir ist nach lästern: „Auf die gelungene Mischung bin ich ziemlich gespannt. Die zwischen euch Biermännern und uns Annemöllern.“

„Und wir erst, Annalena!“, sagt Bastian. „Da müsste eigentlich der Ben dich heiraten, Lena. Du kriegst dann auch noch Zwillinge. Nee, gleich Vierlinge. Halbe-halbe starke Jungs und hübsche Mädchen.“

„Denkste dir so. Ich heirate mal nicht. Weil ich nämlich Tierärztin werde. Dazu brauche ich keine Familie. Nur drei Hunde und fünf Katzen. Alle aus dem Tierheim.“

Bastian guckt neugierig: „Und ein Pferd?“ - „Vielleicht? Pferd wäre auch okay.“ - „Auch aus dem Tierheim?“, unkt Ben. „Dann kommen wir dich ganz oft besuchen, Lena“, sagt Bastian und meint das auch ernsthaft.

„Oh ja! Mit euren was immer Wieviel-Lingen natürlich.“ Die Idee gefällt mir. Dabei fällt mir eine viel wichtigere Frage ein: „Wo wohnt der eigentlich, euer Kay-Onkel? Bei euch am Niederrhein?“

Nein, Kay hat seine Wohnung mitten in Hannover. Er ist viel unterwegs. Sie sehen ihn selten. Leider! Früher hat Kay noch mit im Elternhaus gewohnt. Er und Konny wurden regelmäßig verwechselt. Die allerbeste Story gibt Svea gerne zum Besten:

Konny war als junger Lehrer erst kurze Zeit an der Schule. Als Klassenlehrer einer 7. Klasse. Svea war da gerade im neunten Monat. Es würde also demnächst losgehen. Der Arzt hatte bereits gemeint, bei einer Zwillingsgeburt sei ein Kaiserschnitt sicher nicht vollkommen auszuschließen.

Der künftige Zwillings-Papa, nervöser als Mama Svea, musste unter allen Umständen mit in den Kreißsaal. Und dann gingen plötzlich die Wehen los, um Punkt Mitternacht.

Blöd nur, weil die neue Woche anfing. Am Montagmorgen saß ein todmüder Konrad Biermann, nassgeschwitzt und zappelnd vor Spannung, an Sveas Seite. Vor Vatersorgen dachte er überhaupt nicht an seine Schule.

Kay telefonierte daheim kurz, schilderte seinem Chef das Problem seines Zwillings und erschien pünktlich um 7:30 vor Lehrer Biermanns Klasse 7b. Natürlich selber ahnungslos vor den vierundzwanzig ahnungslosen Schülern. Die wollten ihm zuerst nicht glauben, bis er ihnen schließlich seinen Kay-Biermann-Pass zeigte, hörten dann staunend zu und hatten jede Menge Spaß mit ihrem neuen, voll coolen Aushilfslehrer. Der ließ sich von ihnen die Hausaufgaben erklären und gab, logisch, für diesen Tag zwillingshausaufgabenfrei. Auch in den beiden anderen Klassen, einer fünften und einer sechsten, wo Kay seinen Bruder in Mathe und Physik erstaunlich kompetent vertreten haben soll. Direkt nach der großen Pause ging sein Handy. Ein zunächst reichlich verzweifelter, dann jedoch sehr erleichterter und überglücklicher Konny atmete auf, als er hörte, wo sein Zwilling gerade steckte, - als der Konny Biermann sozusagen. Und `Lehrer´ Kay atmete auf, weil im Hintergrund deutlich zweistimmiges Geschrei zu hören war.

Ob irgendwann auch die Schulleitung von der Zwillingsvertretung erfahren hat? Die Schüler haben jedenfalls alle vergnügt dichtgehalten. Tja, und die befürchteten Elternbeschwerden hat es wohl erst recht nie mehr gegeben.

„Das muss voll die Lach-Nummer gewesen sein!“ Wir amüsieren uns großartig. „Von Anfang an die Riesen-BB-Klappe!“, muss Lästerbacke Anna prompt loswerden.

„War euer Dad ähnlich verrückt?“, will Ben wissen.

Wir erzählen von unserem ersten Tag. Annalena hatten es nämlich viel zu eilig mit dem Geborenwerden. Fast volle drei Wochen zu früh gingen die Wehen los. Blöd, weil Papa Patrick da noch ausgerechnet weit weg über Afghanistan herumfliegen musste. So schnell, wie wir aus Mamas Bauch herauswollten, bekam er keinen Urlaub und konnte sich hoch im Gebirge noch nicht mal unser erstes Geschrei per Handy anhören. Erst zwei Stunden später erfuhr er von seinen zwei gesunden, wenn auch äußerst winzigen Annalena. Und erst einige Tage später durfte er seine Zwillingsmädchen das erste Mal im Arm halten.

Eine Weile denken wir still an ihn, unseren Patrick-Pa. Voller Wehmut, aber trotzdem voller Töchter-Stolz.

BB sehen uns an, wie traurig wir sind. Sie warten ungewohnt stumm und geduldig, bis Anna übertrieben munter wieder anfängt: „Bestimmt wäre euer Kay-Onkel auch ein prima Lehrer geworden. Musste er noch öfter für euren Daddy einspringen?“

BB grinsen: „Nee. Aber auf Klassenfahrt durfte er mitfahren. An die Nordsee. Danach war er froh, weil er nicht dasselbe studiert hat wie sein Zwilling."

Schon sind wir mitten in unserem wichtigen Thema:

Das Überraschungstreffen Biermann-Annemöller. Nach Hannover ist es nicht weit für uns, passt also. Wir fahren da sowieso manchmal hin zu irgendwelchen Messen.

„He, wie wär´s mit Tierpark?" Ben sitzt kerzengerade. Seine Augen blitzen. Bingo, Ben! Haargenau das wär ´s!

Problem Nummer eins gelöst. Problem Nummer zwei:

Wie kriegen wir unsere Mutter dort hin? Sie verkriecht sich an den Wochenenden lieber daheim nach der stressigen Uni-Bücherarbeit. Bei Anna klickt es zuerst: „Wir schenken ihr zum Geburtstag …" - „… Eintrittskarten für den Zoo!", sagt Bastian. Jetzt sitzen wir alle vier kerzengerade. „Die bestellt Mama im Internet und schickt sie euch", sagen BB. „Wann hat sie denn Geburtstag?" - „Am 3. September."

„Das ist ja schon bald. Perfekt!", freut sich Ben. „Wenn sie ein Faschingskind wäre, …" sagt Bastian. „Wäre Zoo wohl nicht so der Brüller", meint Anna.

Wir planen, bis uns massiv die Köpfe rauchen. Unser Treffpunkt muss stimmen. Die Zeit muss exakt passen. Das kriegen wir irgendwie gebacken, ganz sicher!

„Aber wehe, ihr verplappert euch, Mädels!", warnt uns Ben. „Wieso wir? Nee, wir doch nicht!" Wir machen das Siegerzeichen. Feierlich tauschen wir Mailadressen und Handynummern aus.

„Was is ´n der 3. September für ´n Wochentag?" Bastian schaut sofort nach. Ein Freitag, verrät ihm sein Smartphone. Äh, passt gerade nicht so hundertpro. Na und? Verschieben wir auf Samstag, den 4.? Wo ist das Problem?

Daddy muss es nur rechtzeitig wissen und sich den Termin freihalten. „Aber - was ist mit Kay?“ Verdutzt schauen die drei mich an. Ach so, der ist ja die zweite Hauptperson. Ohne Kay nix los! „Wir müssen es ihm sagen“, meinen BB.

„Spinnt ihr? Auf gar keinen Fall!“ Anna schüttelt heftig den Kopf. „Wo ist das dann Überraschung?“

Die Jungs versprechen, heute noch mit Svea und Daddy zu reden. Die haben garantiert eine perfekte Vorstellung davon, wie sie den Kay-Zwilling am Samstagvormittag in den Zoo rüber locken können.

„Vor das Elefantengehege?“, schlägt Bastian vor.

Ein optimaler Treffpunkt! Nicht zu übersehen jedenfalls.

Ich sehe es genau vor mir:

Wir drei Annemöllers schlendern ahnungslos durch den Zoo und suchen die Elefanten. Und wen sehen wir da rumstehen? Das PAULCHEN! Auf DADDYS breiten Schultern. Marie wird vor freudiger Überraschung rot wie ein reifer Pfirsich, und wir Kleeblatt fallen uns jubelnd in die Arme. Wo kommt denn ihr her??? Na, Leute, was für ein verrückter Zufall! Svea drückt Marie an sich. Die guckt sich um, verstohlen nur. Oh, Pech, Marie! Da ist nur der eine große Zwilling. Er winkt ihr fröhlich zu, lässt Paula auf den Boden gleiten und nimmt Mam galant in die Arme. Schön, euch drei Annemöllers zu sehen. Besonders dich, du liebe Marie. Wie geht ´s euch denn? Wirklich ein netter Zufall, ausgerechnet EUCH über den Weg zu laufen, stimmt `s, meine Süße? Er zieht Svea an sich. Mit langen Schritten kommt noch einer auf uns zu. Hi, Kinder! Hey! Das gibt ´s ja gar nicht! Wieso seid ihr alle hier? Ausgerechnet heute???

Geburtstag! Sagen wir einfach so. Heute? Du, Marie??? Alle Biermanns fragen gleichzeitig, nehmen unsere Mutter in die Arme, wenn auch mit einem Tag Verspätung. „Happy birthday, liebe Mariiie!“ Sie singen wie ein Gospelchor. Und diese überwältigte Marie steht da vom Donner gerührt und versteht gar nix mehr. Zwilling zwei, der eben dazu gekommen ist, zieht sie stürmisch an sich, - tja, und schiebt sie danach seinem Bruder zu. Der versteht genauso gut wie nix. Mit unserer so mühsamen Beherrschung ist es prompt aus. Vor Lachen laufen wir krebsrot an, kriegen einen Lachkoller vom feinsten. Svea kriegt sich zuerst wieder ein. Sie holt kurz, aber tief Luft, lächelt uns entschuldigend zu, - ja, und dann `beichtet´ sie. Wir stehen nur so deppert da rum und lassen sie reden. Marie und Kay schauen sich tief in die weitaufgerissenen Augen, fallen sich um den Hals - zu einem gefühlt endlosen Kuss … Wir halten alle miteinander den Atem an, zwinkern uns glückstrahlend zu. Ach, Mam! Ach, Kay! Wenn ihr uns Zwillingskleeblatt nicht hättet!

„Huhu, Lena! Bimmelimmelimm!!! Hier sind wir!“

Mein Zwilling stupst mich sanft an.

„Upps! Ja, ich … war gerade … vorm Elefantengehege“, stottere ich und knipse den Film in meinem Kopf aus.

„Ja - und? Hat alles funktioniert?“ Die drei schauen mich prüfend an. „Ich ... glaub schon.“ Die Sonne blendet mich, auch wenn sie heute eigentlich gar nicht scheinen sollte. „Aber … wenn die beiden das gar nicht wollen? Mit diesem Treffen und so?“

„Buff! Nee! Das ist jetzt nicht dein Ernst, Lena! Glaubst du?“ Anna guckt mich irritiert an. „Dann war er halt für die Katz, unser Zwillingseinsatz“, meint Bastian trocken. „Das ist dann nicht mehr unser Bier“, meint Ben sachlich.

„Stimmt! So was wie große Liebe kann keiner erzwingen. Trotzdem! Einen Versuch ist es wert. Wer ist dafür?“

Anna guckt uns der Reihe nach streng in die Augen.

Wir sind alle dafür. Logisch hoch tausend! Auf jeden Fall muss Kay morgen mit zur Alm, sind wir uns einig. Je öfter Marie und er hier noch zusammen sind, umso größer ist die Wahrscheinlichkeit, dass es doch (vielleicht??) irgendwie und irgendwann funkt zwischen ihnen.

Nach dem Abendessen verdrücken wir uns schnell. Ob Mam die Chance nutzt zu einem gemütlichen Abend mit den Biermanns, - plus Kay natürlich!? Oder lässt sie sich etwa vom netten Kränzchen einwickeln? Es ist fast dunkel, als wir zurückkommen von unserer Vierer-Abendtour. Auf dem Biermann-Balkon erkennen wir Svea und Daddy. Von Kay keine Spur. Von Marie schon gar nicht. Wir peilen in Mams Zimmer, bevor wir todmüde ins Bett fallen. Sie hat sich unter die Decke gekuschelt und ist in ihr Buch vertieft. „Schlaf gut, Mam!“ Schwupp sind wir weg. Unsere Mutter ist ein speziell zäher Brocken, sprich aussichtsloser Fall. Warum macht sie es ihren besorgten Zwillingen denn sooo schwer??

7. Kapitel: Zwillinge hoch wie viel?

Sofort nach dem Donnerstagsfrühstück geht ´s los auf den Berg. Svea und Mam wundern sich: „Gibt das was Besonderes mit euch Zwillingen?“ Wir sind, paarweise natürlich, ganz gleich angezogen. Anna hat auch mir zwei feste Zöpfe geflochten. Sie kann das bei sich super. Ich habe lila Haarspangen, ihre sind knallpink. Wir tragen alle feste Bergschuhe und Cappies gegen die Höhensonne. Paula wedelt stolz mit ihrem ulkigen Strohhütchen.

Eine ganze Weile geht es bergauf durch den Hochwald mit seinen hier oben längst nicht mehr so mächtigen Fichten und den schlanken Kiefern.

Kay (oder Konny?) marschiert stramm vorneweg. Bastian und Anna trödeln am Schluss. Ich halte mich an Mam. Der geht es heute wieder richtig gut. Sagt sie wenigstens. Als der Wald aufhört, setzen wir uns mitten zwischen die niedrigen Latschenkiefern und viele prächtig blühende Alpenrosen auf Felsvorsprünge. Mit brezeltrockenen Kehlen packen wir eilig unsere kaum noch kühlen Trinkflaschen aus den Rucksäcken. Bergtouren sind wir nicht gewöhnt, bis auf unsere eiserne Wander-Mutter.

„Du bist top-fit, Marie“, lobt Svea. „Ja, wandern ist für mich das Größte“, lächelt Mam. „Ich müsste öfter dazu Gelegenheit haben. Und mir vor allem mal wieder die Zeit nehmen dafür.“

Der Weg durch die pralle Sonne wird jetzt allmählich noch steiler. Die beiden Frauen sind längst zur Spitze aufgerückt. Kay-Konny nehmen Paula in ihre Mitte, weil sie anfängt zu jammern. „Schau mal, da oben wollen wir hin. Ist nicht mehr weit, Paulchen.“

Na ja, das ist relativ. Ich würde am liebsten umkehren. Wenn wenigstens mein Zwilling mich anschieben würde, wie sie das nämlich öfter machen muss. Sobald die Lena sich durchhängen lassen will. Die Anna hat aber nur Augen und Ohren für ihren BASTI. Und Ben muss ja nicht merken, wie mir diese Kraxelei immer mehr stinkt. Hey! Zähne zusammenbeißen, Lena! Mach dir nicht ins Hemd! Die letzten paar Meter schaffst du auch noch! Ich stolpere. Blöder Stein! Musst du mir vor den Füßen rumliegen? Svea erwischt meinen Arm rechtzeitig. „Hiergeblieben, Annalena!" Schon bückt sie sich. „Guck dir den mal an! Du bist mir ja ein Kerlchen! So einen wie dich können wir nicht einfach hier liegen lassen." Hä! Svea, bist du allright? Sie hält mir meinen Stolperstein vor die Nase. Ja, und? Was ist damit? „Guck mal genau hin!" Svea versteht nicht, warum ich ihre Begeisterung nicht verstehe. Will sie diesen dicken Stein etwa mitschleppen? Allerdings will sie. Fix ist er in ihrem Rucksack verstaut. Na toll! Ich muss diesen schweren Burschen ja nicht berghoch mit mir rumtragen.

Paula ist genau Mutters Tochter. Sie zerrt aus den niedrigen Büschen am Wegrand ein Stück Holz hervor. „Mami, guck mal, hab ich gefunden." Mit ihren dünnen Ärmchen schwenkt sie das Teil über ihrem Kopf wie einen Siegerpokal. Diesmal lasse ich mich von der Begeisterung anstecken. Dieses Holzstück ist was Besonderes. „Der Künstler Natur schafft ein solches Kunstwerk", staunt Mam. „Wir müssen es nur entdecken." Sie klopft Paula auf die Schulter. „Das willst du sicher mitnehmen, Paulchen?"

Die Kleine nickt heftig. „Darf ich, Mami?" - „Aber klar, mein tolles Holz-finde-Mädchen." Ich biete mich an, dieses Naturwunder zu tragen. Oh, nein! Paula kann das alleine. Die ersten fünfunddreißig Meter. Dann gibt sie ihren Fund großzügig an die Lena weiter. Warum finde ich so was nie? Über ´n lästigen Stein stolpern, haha! Darüber denke ich jedoch kurze Zeit später deutlich anders. Los, Annalena, vorwärts! Gleich sind wir da.

Endlich, als die Sonne genau über uns steht, erreicht eine erschöpfte kleine Wandergruppe die Alm-Wiese. Als würden sie jeden Moment schlapp machen, wanken die vier Gestalten schweigend auf einen der Tische zu und lassen zuerst ihre Rucksäcke und dann sich selber schwer auf die Holzbank fallen. Neugierig schauen die anderen Wanderer zu ihnen herüber:

Ein blonder Mann mit sehr langen Beinen in Wanderhosen. Ein blonder Junge mit Igelfrisur in kurzer Lederhose und einem braunen und einem grauen Trachtensocken. Ein Mädchen mit dunkelbraunen Zöpfen, auch in Lederhosen, dazu hellen Socken, einer grün, der andere rot. Die Mutter mit kurzen blonden Haaren, leuchtendblauen Augen, in Wanderhose und Bergstiefeln. Sofort erscheint die Bedienung, fesch in Lederhosen und Trachtenbluse. „Servus miteinander! I bin die Katie."

Sie stellt vier Gläser und einen Krug Wasser vor uns hin. Alle trinken gierig. „Wollt ´s gewiss was zum Essen?", fragt die Katie fröhlich.

Nanu, - aber was ist das jetzt? Da kommt ja noch so ein schweigendes Grüppchen angestolpert. Ähnlich erschöpft sehen die aus:

Der blonde Mann mit sehr langen Beinen in Wanderhosen. Der blonde Junge mit Igelfrisur in kurzer Lederhose und einem grauen und einem braunen Trachtensocken. Das Mädchen mit dunkelbraunen Zöpfen, auch in Lederhosen, dazu hellen Socken, einer rot, der andere grün.

Die Mutter mit kurzen dunklen Haaren und einem blonden kleinen Lockenkopf im Dirndlröckchen an der Hand.

Jetzt starren sämtliche Alm-Gäste mit verwunderten Augen, ohne zu begreifen. Die fünf `Neuen´ wanken auf einen anderen Tisch zu und lassen zuerst ihre Rucksäcke und dann sich selber schwer auf die Holzbank fallen.

Die Katie reibt sich nervös die Augen und schaut sich nach den anderen Gästen um. Die starren noch immer sprachlos hin und her vom einen Gruppentisch zu dem anderen.

Das blonde Lockenmädchen klatscht in die kleinen Hände. „Oh, Daddy! Dein Paulchen hat ´s geschafft! Juhuuu!"

Deutlich erleichtertes Aufatmen ringsum. Das ältere Paar an unserem rechten Nachbartisch beobachtet uns einen Moment lang kritisch und zwinkert uns dann belustigt zu.

„So was Nettes und Lustiges erlebt man nicht alle Tage", freut sich die Frau. „Zwillinge hoch wieviel sind das jetzt eigentlich?" Ihr Mann versucht vergeblich uns abzuzählen. „Ganz hoch viele", kichert Paula. „Nur die Mami nicht, und die Marie nicht. Und ich nicht."

Wir können uns jetzt nicht mehr bremsen. BB und wir beide liegen vor Lachen auf den Tischen. Svea japst. Mam wischt sich die Lachtränen aus den Augen. Kay-Konny klopfen sich auf die Schenkel. Die Katie steht einfach nur da und klappt den Mund auf und zu. Sie vergisst sogar, an den zweiten Tisch auch den Krug mit Wasser zu bringen. Am linken Nachbartisch steht eine Frau auf und fängt laut an zu klatschen. Ihr Mann macht mit und ruft uns zu: „Das war bühnenreif, ihr Zwillinge! Wie viele seid ihr denn nun alle zusammen?"

Wir müssen uns alle sechs nebeneinander stellen und wie die Honigkuchenpferde grinsen für die Smartphones und

Kameras, die rundherum gezückt werden. Aus der Hütte marschiert die Wirtin auf uns zu und begrüßt uns mit einem herzhaften Lachen. „Reingelegt habt ´s uns, ihr Doppelten! Ganz sakrisch gut seid ´s! Da darf ich euch wohl eine Runde zum Trinken spendieren, gell?“

Das darf sie gerne, logisch, die nette Gustel. Dann haben wir einen Riesenappetit auf ihren einmalig leckeren Kaiserschmarrn mit dem Apfelmus von ihrer Obstwiese und den garantiert erst gestern selbstgesuchten Wald-Heidelbeeren. Und auf die berühmten Tiroler `Kas-Spatzen´. Besondere Nudeln sind das, mit reichlich zerlaufenem Kräuterkäse durcheinander. Dazu ein großer Teller voll Salat. Köstlich! Für mich Spatz kaum zu schaffen, aber die verfressenen BB sind dankbare Mitesser.

Mein Teller ist fast leer, als Ben mich kurz anstößt:

„Das glaubst du nicht! Fuck! Die fehlen uns gerade!“

Ich verschlucke mich an einer Nudel. Die da über die Wiese heranschleichen, sehen nicht nur so aus wie …

„Die schöne Eliza. Schreck lass nach!“ Wir gaffen beide Frauen an, so wie kurz vorher die anderen Gäste uns angegafft haben. Zwei glänzend-schwarze Pferdeschwänze, Top-Dirndlkleider, Wanderschuhe. Liza zur Abwechslung mal auf `Tiroler-Mädel vom Lande´, - mit nur einer Spur von Makeup und Mascara. Sie trägt den schlafenden Oskar. Olga kuschelt sich an Lotta und reibt sich die Äuglein. Ein hundemüder Till-Rasmus trottet hinterher.

„Ja mei, gibt´s denn so was?“, ruft die Frau vom Nachbartisch. „Doch nicht noch einmal Zwillinge?“

Das gibt ein extragroßes Hallo und eine zweite Runde Spendiertes von einer jetzt völlig begeisterten Gustl. Später auch noch ein Achter-Foto. Also, ja, eigentlich ein Zehner-Foto.

„Für unsere Foto-Wand in der Hütten“, sagt die Gustl stolz. „Da hängt ER sogar, unser Toni Sailer, schon so viele Jahre. Unser schwarzer Blitz aus Kitz.“

„War der auch ein Zwilling?“, fragt Paula. Oh, nein, dafür ein berühmter Ski-Rennläufer und später auch ein Filmschauspieler aus Kitzbühel, werden wir aufgeklärt.

„Ihr denkt wohl nur noch an Zwillinge?“, lacht Svea.

Da liegt sie gar nicht so falsch, wo es doch rundherum `zwillingt´ wie verrückt. Sobald Oskar munter wird, erkennt man nämlich auch deutlich die Ähnlichkeit der beiden Kleinsten.

Schließlich sitzen die nette Frau und ihr lustiger Mann mit an unserem Tisch und erzählen. Bücher schreibt sie, für die Kinder hauptsächlich, diese Kirsten aus Hamburg. Wow! Wir staunen sie ehrfürchtig an. Dürfen wir diese Bücher auch mal lesen? Aber selbstverständlich. Sie hat sogar Flyer im Rucksack, wo wir drauf lesen können, wovon die Bücher handeln. Paula guckt mit neugiergroßen Augen.

„Du bist dafür noch zu klein, Paulchen“, meint Anna.

„Oh, ganz und gar nicht“, schmunzelt die Kirsten. „Zum Vorlesen passen die auch schon für dich, Paula. Und bald kannst du sie dann sogar selber lesen. Wann kommst du denn in die Schule, Paula?“

„Nächstes Jahr nach dem Sommer“, verkündet Paula stolz.

Svea verspricht, in der kommenden Woche gleich das Buch über die schlauen Mäuse in ihrer Buchhandlung zu bestellen. „Für meine süße kleine Paulchen-Mausi.“

„Schreibst du auch ein Buch über Zwillinge?“, möchte Paula wissen. Kirsten nickt. „Oh, natürlich. Das habe ich schon vor einigen Jahren geschrieben. Es ist ein lohnendes

Thema. Immer neu verlockend in der Literatur. Ihr kennt ganz sicher DAS DOPPELTE LOTTCHEN?“

Unsere Mutter strahlt: „Vom großen Berliner, dem ERICH KÄSTNER. Meinem Lieblingsschriftsteller. Eine herrliche Geschichte!“ Kirsten nickt begeistert: „Der großartige Erich Kästner ist mein leuchtendes Vorbild, ebenso wie unsere unübertroffene Schwedin, die ASTRID LINDGREN.“

Bevor sie weiter schwärmen kann, stößt Anna mich an: „Guck mal, Lenchen, wer da jetzt noch auftaucht!“

Oh, nein, wir sehen keinen Geist! Dieser da kommt nicht angekrochen wie wir. Richtig kernig marschiert er drauflos mit den zwei Stöcken. Ähnlich superfesch in Lederhose und blaukariertem Hemd. Obendrauf der schmucke Wanderhut. „Puh!“ Ich kann nur stöhnen. „Nimmt das denn heute gar kein Ende?“, stöhnt Ben. „Hat der nicht auch noch ´nen Zwilling zu bieten?“, lästert Bastian. „Bitte nein!“, flehen wir zweistimmig. „Keinen Hubert im Doppel!“

Unsere Mutter bemerkt ihn erst, als er direkt neben uns steht. „Grüß Gott!“, ruft er in die Runde und winkt uns zu. Uns? Ich schätze, eher winkt er Liza-Lotta zu. Oder nur der netten Lotta? Kinderlieb scheint Hubertchen jedenfalls zu sein. Schon sitzt er neben Till-Rasmus und schäkert mit Olga-Oskar rum. „Schleimbeutel!“, flüstere ich Anna zu. „Kannste laut sagen“, brummt sie. „Zum Glück lässt er die Marie in Ruhe. He, Lena, was soll das jetzt geben?“

Die heute nur normal schöne Eliza winkt fröhlich zu unserem Tisch herüber und schmeißt Luftiküsschen. „Hallöchen, my sweet Darling!“ Äh, wer soll das bitte sein?? Meint sie Kay-Konny??? Die stutzen, schnappen nach Luft. Fragezeichengesichter. Erst recht bei Svea und Marie.

Wir Kleeblatt tauschen unsere hastigen HALLO-WAS-LÄUFT-DA??-Blicke aus. WEN meint sie denn nun? KAY? Oder etwa KONNY?? Exakt das will Svea jetzt wissen, und zwar sofort! Sehr laut, sehr deutlich und höchst energisch muss sie das wissen, während unsere Mutter verblüffend ruhig und nach außen hin direkt gelassen abwartet.

Alle Gäste schauen mittlerweile zwischen unserem Tisch und dem von Liza-Lotta hin und her. Wir halten die Luft an. Unsere Mutter anscheinend auch. Bloß die Katie tut so, als ob sie nix mitkriegt, obwohl ihre Ohren deutlich wachsen.

„Hals umdrehen! Ganz, ganz langsam und mit Genuss", höre ich Ben nuscheln. Das Stichwort für Annas berühmten Kicher-Anfall. Der steckt zuerst BB, fast zeitgleich mich an. Breitet sich so rasch aus wie ein Strohfeuer bei Durchzug, bis alle erst mal verhalten, dann lauter, schließlich schallend lachen. Alle? Außer Svea, Marie, Liza-Lotta und Hubert. Und Kay-Konny. Würden die beiden tatsächlich liebend gerne diesen hübschen Eliza-Hals rumdrehen, - so absolut angefressen, wie sie zu ihr rüber peilen? Unter ihren drohenden Blicken läuft Liza rötlich an, … sehr langsam, aber sie läuft immerhin.

„Ha, die und rot werden?", knurrt Anna ungewohnt bissig.

Da tönt es klar und allzu deutlich von Bastian: „Lasst die Finger von der!" Selbst die Rindviecher drüben auf der Weide mit ihren bimmelnden Kuhglocken müssten es hören.

Boah! Wie peinlichst ist das hier denn jetzt?

Das Stichwort für Kay-Konny: Wie in Zeitlupe stehen sie auf, zu ihrer vollen Länge, und tauschen einen kurzen

Blick. Gehen geradewegs auf das schöne Biest zu und bauen sich vor ihr auf, die vier Hände in die Hüften gestemmt.

„Eliza, lass uns einfach…“, beginnt Kay (oder Konny?). „Gefälligst in Ruhe!“, setzt Konny (oder Kay?) mit seiner lautesten dunklen Biermann-Stimme hintendran.

Die Antwort ist eindeutig: Lizas beide Stinkefinger. „Upps!“, machen wir vier und grinsen gemein. Wenn das nicht noch deutlicher war als deutlich! Auf beiden Seiten.

Hubert, mit knallrotem Gesicht, versucht die Situation glatt zu bügeln. Er hat kaum den Mund aufgemacht und die Hände gehoben, ranzen Kay-Konny ihn wütend an:

„Und du, Meister Kranz, hältst dich da mal schön raus! You understand?“ Mit hängenden Schultern steht das Kränzchen da und klappt den Mund wieder zu.

„Aber hallo, gibt das jetzt ´ne zünftige Rauferei auf der Alm?“, murmelt Anna. Plötzlich steht das Paulchen neben Kay-Konny und zupft einen von ihnen am Hosenbein. „Streitet ihr euch, Daddy und Onkel Kay?“ Das helle, durchdringende Stimmchen weckt schlafende Murmeltiere auf. Konny beugt sich zu ihr und nimmt sie sanft auf den Arm. „Du hast Recht, Paulchen. Streiten ist nur was für die ganz Dummen, weißt du.“ Aha, jetzt wissen wir ´s alle genau!

„Lohnt sich nicht, Paulchen“, ergänzt Kay, dreht sich rum, und die Zwillinge marschieren mit Paula zurück an unseren Tisch. Wild zähneknirschend beide, so wie es aussieht.

Allgemeines befreites Aufatmen und Beifall-Gemurmel im rasch wiederhergestellten Almwiesenfrieden.

„Fuck, der hätte ich was anderes hingespuckt, dieser …“ „…abgewrackten Dschungel-Queen!“ Ben und Bastian knirschen nicht weniger mit den Zähnen und starren finster zu Eliza rüber. Stopp, ihr beiden! That ´s not Biermann-like, you know! Haltet euch da besser raus, boys! Obwohl - ´nen heftigen Lattenschuss scheint die Tusse wirklich zu haben, muss Anna noch loswerden.

Ich muss wieder hingucken, allerdings nur zur halben Liza-Lotta. Du arme, viel zu liebe Charlotta mit deinem voll peinlichen Zwilling! Sie lässt sich allerdings nix anmerken. Der Hubert auch nicht. Obwohl er stinkewütend sein müsste. Äh, auf beide Kay-Konny? - Nöö, eher auf Eliza.

Na ja, der Krach hat auch sein Gutes: Von der lieben Marie wird Kränzchen in Zukunft garantiert den nötigen Anstands-Abstand halten.

Svea atmet hörbar und erstaunlich beherrscht durch und strafft die Schultern. Dann öffnet sie ihren Rucksack und holt meinen Stolperstein aus seinen Tiefen.

„Oh, ist der schön!“ Kirsten streicht behutsam über lauter bizarre Rillen und Muster. „Darf ich den kurz waschen?“

Wir folgen ihr zum Brunnen. Wow! Nass sieht dieser simple Stolperstein aus wie ein echter Zauberstein.

„Steine müsst ihr zuerst ins Wasser halten“, erklärt Svea. „Danach leuchten ihre Farben.“ Ihre heftige Liza-Wut scheint verraucht zu sein. Hat mein glänzender Zauberstein das eventuell geschafft? Ach, Lena, spinnst du jetzt auch noch rum mit irgendwelchem Zauberquatsch?

„Der hier hat weißen Bergkristall und Rosenquarz in sich“, stellen die drei Frauen fest. An mehreren Stellen. Solch ein besonders gelungenes Exemplar findet man selten.

Ich schlucke. Verzeihung, mein Stolperstein! War nicht so gemeint vorhin. Kirsten erzählt von ihrer Steine-Sammlung. Bei ihren vielen Lesereisen bringt sie immer neue mit und lackiert sie sorgfältig mit Klarlack, damit sie glänzen wie frischgewaschen. „Machen wir das auch, Mami?“ Paula hüpft aufgeregt. „Wir suchen ganz schöne Steine, ja?“

„Ich schenke ihn euch“, sage ich großzügig.

Die Kleine strahlt. „Danke, Lena! Ich schenk ihn der Moni-Oma. Die liebt alle Steine so doll! Du, hat der Stein auch einen Zwilling?“ Wir schauen sie verwundert an. Eine richtig tolle Paulchen-Frage!

Kirsten lacht. „Oh nein, Paula. Kein einziger Stein gleicht einem anderen. Du meinst, so wie deine Brüder und beide Annalena zum Beispiel, ja? Aber viele Steine können sich ziemlich ähnlich sein. Du musst nur genau hinschauen.“

„Danke, Kirsten!“ Svea nimmt die Autorin einfach so in die Arme. „Bestimmt sind Ihre Geschichten genau so toll wie Sie.“ Die Kirsten freut sich über dieses spontane Lob. „Sind die Bücher auch für uns Größere spannend?“, muss ich beim Abschied noch wissen. Kirsten glaubt das und meint, wir sollten ihr mal ein Mailchen schicken mit unserer Zwillingskritik. „Aber bitte ungeschminkt! Einfach drauf los schreiben, wie ihr vier cleveren Youngsters darüber denkt. Das würde nämlich mich als Zwillings-Fan besonders interessieren“, lächelt sie.

Unserer Mutter fällt ein, ob Kirsten nicht gerne zu einer Autoren-Lesung zu uns nach Göttingen kommen würde.

Oh, sehr gerne, denn sie ist früher schon mal da gewesen, falls wir uns erinnern?? Nee, wir Annalena nicht wirklich. Mam weiß das aber noch. Olaf, Kirstens fröhlicher Mann, mischt sich ein: „Nach Kassel fährst du doch sowieso im Frühjahr, große Autorin. Da liegt die Gänseliesel-Stadt ja perfekt an der Autobahn. Und dahin muss ich diesmal unbedingt mitfahren. Das verstehst du doch?“

Mam verspricht, für Kirsten den Kontakt zu unserer Stadtbücherei wieder neu zu knüpfen.

„Was für ein netter Zufall, dass wir Bücherwürmer uns ausgerechnet hier oben auf über tausend Höhenmetern treffen durften", lacht Olaf.

Jaja, immer diese tausend Zufälle! Wir Kleeblatt ziehen die Mundwinkel weit nach oben. Wir nehmen uns vor, der Autorin später von unseren top-secret-Plänen zu schreiben. Für ihre neue Geschichte? „Für ´s dicke Happy-Ending??", flüstert Anna mir zu.

Erst nach jeder Menge Fotos und einigen witzigen Kirsten-Autogrammen marschiert die ganze eingesammelte Biermann-Annemöller-Truppe hochzufrieden den Berg runter.

Haben wir vorhin gedacht, das nette Kränzchen ginge auf Marie-Abstand? Knapp rechtzeitig zum Abendessen sind wir zurück im Hotel. Raus aus den Wanderschuhen, Pippi machen, Händewaschen, ab in den Speisesaal. Wir haben unseren Marillen-Nachtisch noch nicht fertig gelöffelt, da steht jemand Großes an unserem Tisch.

„Grüß euch, ihr Lieben. Ist euch die Wanderung denn gut bekommen, Kinder?", sülzt er drauf los. „Nee!", stöhnen wir. „So schnell nicht wieder auf ´n Berg."

Mam lacht ihn freundlich an: „Sie sind solche Touren nicht gewöhnt, Hubert."

„Dann wird es aber endlich Zeit bei der tollen Wander-Mama, ihr Mädels", meint Hubert großkotzig. „Geht ihr drei morgen noch mal mit dem Hans die geführte Tour? Es wird keine schwierige sein, also auch bestens geeignet für die ungeübteren Wanderer unter euch."

Ich verschlucke mich, als Anna mir auf den rechten großen Zeh tritt und erklärt: „Ich hab null Bock. Du, Lena?"

„Nee, nicht wirklich“, huste ich. Peinlich oder was?

Nein, Hubert findet es wohl sogar perfekt, wenn nur unsere Mutter anbeißt. Und das tut sie mit leuchtenden Augen. „Darf ich euch die Mami morgen noch ein letztes Mal entführen, Annalena? Als krönenden Abschluss eines traumhaften Urlaubs, sozusagen.“ Er deutet direkt eine kleine Verbeugung an, haha! - Ach ja, und was ist mit Liza-Lotta? „Viel Spaß dann morgen“, antworte ich betont freundlich und schlucke das runter, was ich lieber sagen würde. Marie zuliebe. Von Liza-Lotta ist gar keine Rede mehr, als Mam vergnügt sagt: „Ich freue mich auf morgen, Hubert.“

8. Kapitel: Ben? Oder Bastian? - Kay? Oder Konny?

„Ach, Lenchen, verstehe einer die verrückten Erwachsenen“, seufzt Anna. Für uns heißt das: Eine Bergtour dauert. Wir haben morgen reichlich Zeit für BB und die anderen Biermänner. Und das passt haargenau. An unserem vorletzten Abend soll im Hotel der Bär los sein. Groß angekündigter Familienabend mit buntem Programm. Wir Gäste dürfen mitmischen beim Vorbereiten, - also die Lust haben. Und die haben wir! Sogar Kay-Konny stecken wir und Svea damit an. Sveas Vorschlag klingt vernünftig: „Was haltet ihr von Karaoke?“

„Du meinst die gute alte Mini-Playback-Show?“, fragt Daddy. Anna klatscht Zustimmung. „Das klingt sogar genial, Svea!“ Auch Julia, der jungen Hotel-Fachfrau, - der Tochter vom Manager, - gefällt die Idee. Sie hat jede Menge CDs, auch welche nur mit Playback, zum Aussuchen für unsere Wunsch-Hits. Sind wir ans Mikrofon gewöhnt?, will sie wissen. Sonst wirkt ´s ja zu mickrig. Oder stehen wir eher auf Pantomime?

Bastian grinst selbstbewusst. „Ich singe schon lieber selber.“ - „Okay, wenn wir vorher üben, bin ich dabei.“ Anna strahlt erst ihn, dann mich an. „Schaffen wir, Lena, was?“ Mehr als uns blamieren können wir nicht. Wir geben uns High-five. Anna wundert sich: „Wo ist eigentlich dein Ben-Zwilling, Basti?“ Er zwinkert uns zu. Verschmitzt, oder? „Keine Ahnung.“

„Wo genau ist keine Ahnung?“ Anna lässt nicht locker. Da läuft doch irgendwas? „Los, Basti! Sag schon, Manno!“

Er flüstert nur das eine Wort: „Wandern …“

Hä? Wieso das denn? Mit Kay-Konny? Nee, die habe ich eben beide noch gesehen. Bilde ich mir aber nur ein.

Viel besser: Ben und Konny sind vorhin mit der Gruppe vom Wanderführer Hans losgezogen. „Uppsi! Wandern?“, fragen wir gleichzeitig. „Und warum?“

Bastian kichert. „Dreimal dürft ihr raten!“ Was gibt es da zu raten? Ben darf doch wohl mit seinem Daddy wandern gehen. Dann erfahren wir, warum Ben unbedingt mit musste. Weil nämlich Annalena gekniffen haben. Und weil schließlich EINER der vier Detektive unbedingt unsere allseits begehrte Marie dauer-beschatten muss.

„Hihi!“ Anna freut sich tierisch. „Als Anstandswauwau! Das wird dem Kränzchen sauer aufstoßen.“ Ach so! Bei mir fällt wie üblich der Groschen in Zeitlupe. Mensch, Ben, du bist der Größte! Das dumme Gesicht vom Hubertchen möchte ich sehen! Wenn der große und der kleinere Zwilling sich dauer-einmischen, falls er sich womöglich an seine hochverehrte Marie ranmachen will.

„Weiß Svea das?“, fragt Anna skeptisch. „Ich glaube schon. Sie ist ja nicht doof.“ Äh, weiß sie womöglich inzwischen auch von unseren Plänen? Elefantengehege und so?

„Wie kommt ihr da drauf? Ist ja top-secret. Oder?“ Bastian guckt uns unsicher an. Bin ich gespannt auf Bens Wander-Bericht! Aber jetzt ist Üben dran für heute Abend.

„Alles paletti bei euch?“ Kay winkt uns zu der kleinen Bühne. „Auf geht´s, ihr Karaoke-Sänger.“

Wir haben einen Riesenspaß beim Singen zum Playback. Svea und Paula wollen natürlich auch mitmachen. Aufgeregt kaut Paula an ihrem Daumen und wippt den Takt mit. Tja, du süßes Paulchen, wärst du auch Zwilling, dürftest du hier oben mithüpfen oder mitsingen. Mit Till-Rasmus vielleicht? Alleine traut sie sich bestimmt nicht. Passt auch eher nicht? Denkste! Kein Problem, meint Kay. Jeder hat seine Chance verdient. Mit leuchtenden Augen klettern Mutter und Töchterlein zu uns auf die Bühne.

„Was ziehn wir eigentlich an?“, überlegt Anna. „Auf jeden Fall alle Zwillinge gleich, würde ich sagen“, meint Bastian. „Und Kay-Konny?“, frage ich. „Die sowieso. Wenn sie schon nix Gescheites singen können, müssen sie wenigstens super Figur machen auf der Bühne.“

Wir Mädels sollten uns sogar schminken, schlägt Svea vor. Passt doch zur Show. Natürlich erst nach dem Abendessen. Sonst verwischt das Superstar-Makeup, wenn wir Tränen lachen über Bens Wanderbericht.

Wir lachen dann aber vorsichtshalber in uns rein, als Mam uns vorschwärmt, wie toll der Bastian und sein Daddy am Berg durchgehalten haben. „Ich war zuerst überrascht, weil sie unbedingt mit uns wandern wollten. Sogar ohne Anna.“

Sie zwinkert mir zu. Ja ja, Marie! Wir blinzeln uns an. Zwillinge auseinanderhalten ist eine Kunst für sich! Sollen wir mit der Sprache rausrücken? Na, soweit kommt´s noch! „Hat es denn dir und dem netten Hubert gefallen am Berg?“, fragt Anna arglos.

„Natürlich!“ Mam strahlt wie im siebten Himmel. „Was für ein herrliches Erlebnis! Die Gruppe war wieder schwer in Ordnung. Und der Hans ist ein ausgezeichneter Wanderführer. Schade, dass ihr nicht dabei gewesen seid, Annalena.“

„Keine Zeit, Mam“, sagt Anna nur. „Komm, Lena! Beeilung! Bis später. Um Punkt acht im Saal.“ Wir lassen eine höchst verwunderte Marie zurück.

BB amüsieren sich königlich, als wir fix am Tisch der Biermänner halt machen und Ben die Kurzfassung ins Ohr flüstern. Paula spitzt die Ohren, muss aber nicht alles mitkriegen, das niedliche Plappermäulchen.

„Jaja, unser Basti, der Superwanderer!“ Ben und Daddy wischen sich die Lachtränen weg. „Hat sich tapfer gehalten als Marie-Aufpasser.“

Bens Fleck unterm Auge deckt Svea nachher mit heller Abdeck-Creme zu. Uns Zwillinge soll keiner unterscheiden können. Wir brauchen gefühlte drei Stunden - mindestens, bevor Makeup, Lidschatten und Frisur fast perfekt sind. Im Glitzer-T-Shirt und Mini-Jeans-Shorts, barfuß in unseren silbernen Ballerinas, mit hochgesteckten Haaren, ziehen wir unseren todschicken Spiegelbildern lustige Fratzen.

„Los geht´s, Annalena!“, machen wir uns gegenseitig Mut.

Wo stecken BB? „Perfekt seht ihr aus mit den coolen Cappies“, loben wir sie. Gestylte Igelhaare, in alle Richtungen abstehend. Schwarzes langes T-Shirt, weiße Röhrenjeans, kitschig-bunte Ringelsöckchen, neongrüne Turnschuhe. Übergroße Sonnenbrillen. Und Bens Fleck ist tatsächlich verschwunden.

„Ben?“, frage ich. „Nö, der Bastian“, höre ich und lache herzlich über Annas verlegenes Gesicht, weil sie den Ben umarmen will und der sie seinem Ebenbild zuschiebt.

Svea hat sich angeboten, Kay-Konny zu helfen bei ihrem `bühnentauglich´-Machen. Da kommt bereits einer von den beiden auf uns zu. „Wow, du siehst voll krass aus“, staunt Anna. „Konny oder Kay? Lass uns raten, Kay-Konny!“ „Hey, Daddy, fertig?“, rufen BB, und er hebt beide Daumen. Konny also? „Wo bleibt Kay?“, frage ich unsicher.

„Na, hier!“ Er tippt sich lachend auf den Bauch und dreht sich einmal um sich selber. Also doch der Kay! Mit einem kurzen Locken-Schwänzchen, pechschwarzem aufgemalten Oberlippenbärtchen. Dazu das blütenweiße Designerhemd, Ärmel aufgekrempelt, helle Top-Jeans, schwarze Schuhe.

„Kommt Daddy genauso?“, fragen BB. „Das müsst ihr eure Mutter fragen“, schmunzelt Kay. „Sie stylt ihn noch fertig. Und ihr? Lasst euch mal anschauen.“ Kay schnalzt mit der Zunge. „Astrein, Annalena und BB! Hundertfünfzig Punkte für jeden! Wenn ihr gleich auf der Bühne so cool seid, wie ihr daherkommt, wird das Publikum toben und …“

„Jaja, Onkelchen, komm mal wieder runter!“ BB boxen ihn liebevoll von beiden Seiten. „Wie soll Daddy übrigens mitsingen? Er hat keinen einzigen Ton geübt“, fragt Bastian. „Lasst den ollen Kay nur machen, ihr Jungs!“, ist die klare Onkel-Antwort.

BB verdrehen die Augen. Typisch dieser Angeber? Oder: Abwarten, Annalena? Ich bin für `oder´. Es heißt doch: `Wer angibt, der hat ´s nötig´. Und das hat Kay echt nicht. Laut sage ich das nicht. Jedenfalls zehn Jährchen weiter wäre so ein Kay-Typ nicht übel. Ob Ben später auch so wird? Quatsch, Lena! Mir reicht das alberne Geturtel von meinem Zwilling. Wird mir das ab übermorgen fehlen!

Wer dann wohl demnächst der Basti-Nachfolger sein wird? An unserer Schule gibt es keine coolen Zwillinge. Nur so rotzfreche, sommersprossige Minis in der 5. Klasse. Die wären höchstens was für Anna, na ja - zum Babysitten.

9. Kapitel: Olga - Oskar - Tanztalente

Kay kennt seinen Zwilling als `Pop-Star´ anscheinend weniger gut, obwohl sie aussehen wie ein und dieselbe Person, wie sie da neben der Bühne mit uns auf ihren Einsatz lauern. Ich glaube, er ist selber überrascht, wie mit den beiden die Post abgeht. Daddy legt nämlich los, das hätte kein Mensch gedacht. Kay kann kaum mithalten. Und wir vier schon gar nicht. Wir fühlen uns wie mickrige Statisten. Nach dem letzten Ton verbeugen wir uns automatisch mit und klatschen noch lauter als die Zuhörer.

„Manno! Genial! Und das einfach so, - ohne Üben!“, seufzt Anna. „Das war doch der Konny?“ BB nicken bloß. Sie sind sprachlos, denke ich. „Wir hatten null Chance“, meint Ben nach einer Weile … ziemlich kleinlaut.

„Wieso? Wir sind doch noch mal dran. Bloß wir vier.“ Bastian sieht das einigermaßen locker.

„Sollen wir wirklich?“ fragt Anna. Unsicher? Nanu!

„Uns blamieren nach diesem krassen Start, meinst du?“ Bens graue Augen funkeln unternehmungslustig. He, so kenne ich meine taffe Schwester gar nicht. In meinem Bauch rumort es. Ach was! Wir hatten Mega-Spaß vorhin beim Üben. Warum sollen wir den jetzt nicht genauso haben? Das sage ich betont sicher, obwohl ich es nicht ganz so meine.

Aber BB finden das auch. „Ist ja bloß hier auf dieser Mini-Bühne. Wen juckt ´s, wenn wir schräg singen? Sollen sich die anderen erst mal selber auf die Bühne stellen.“

Wir klatschen uns ab. Auf geht´s, alle Zwillinge! Mit dem Mikrofon in der Hand fühle ich mich auf Anhieb stark und sicher. Die weichen Knie sind fix vorbei. Unsere Mutter sagt später, wir hätten eine ebenso tolle Show abgezogen wie Kay-Konny. Na dann, wenn sie das meint!

„Respekt!“ Sogar das Hubertchen ist wild am Klatschen für uns. Und die Julia lobt uns sechs Zwillinge besonders. „Eure beiden fetzigen Songs waren einfach spitzenmäßig. Ihr seid völlig meiner Meinung, liebe Zuhörer?“

„Bravo! - Excellent! - Enorm! - Spitze!“, hören wir.

„Zugabe!“ Das kommt vom Kränzchen, wow! Wir Kleeblatt fallen uns erleichtert und megastolz kichernd in die Arme.

Julia bittet um Ruhe für den nächsten Auftritt:

Paula zerrt Svea hinter sich her Richtung Bühne. Upps! Passt also doch. Mit der Mama halt. Mut hat sie wirklich, die putzige kleine Nervensäge. Na, ehrlich gesagt waren die zwei vorhin beim Üben gar nicht übel. Und das sind sie jetzt erst recht nicht, wie sie mit blitzenden Augen ihren Mund weit aufreißen, wild mit den Augen rollen, die Hüften schwenken und mit Armen und Beinen durcheinander zappeln. Zum Kaputtlachen die zwei! Besonders das echt kesse, leicht bewegliche Paulchen. Diese verrückten Biermänner halt mit ihrer Mordspower!

„Kompliment! - Respekt! - Toll gemacht!“, jubeln die Zuhörer, als Paula sich fast bis auf die Bühnenbretter verbeugt und Svea zu uns herunter lacht wie die aufgehende Sonne. Stolz steigen die beiden von der Bühne und winken mitten ins johlende Publikum.

Julia verschafft sich mühsam Gehör. Gibt es noch einen Song? Echt schade, dass die Italiener-Zwillinge vorhin schon heimfahren mussten. Die hätten garantiert auch ihre lustig-temperamentvolle Musik-Show abgezogen. Und Bens pfiffige Schwedenmädel sind leider gestern bereits abgereist. So ´n Pech aber auch!

Nanu? Julia bittet um Aufmerksamkeit für ein weiteres Lied. Und wer ist das jetzt noch? Wir machen lange Hälse. „Sogar unsere Kleinsten möchten heute auf der großen Bühne stehen." Julia winkt zum Tisch von Liza-Lotta hinüber. Liza hebt beide Arme. Ach nee! Was gibt das jetzt? Wollen die echt auf die Bühne? Von denen war ja wohl nix zu sehen bei unseren Nachmittagsproben. Aber gut, warum sollen die Zwerge nicht auch ihren Spaß haben? Wie zwei kleine Wiesel klettern Olga-Oskar die wenigen Stufen hoch. Da stehen sie, total süß, die Minis, und rufen nach ihrem Bruder. Der zieht seine Mama hinter sich her. Der dicke schwarze Zopf wippt, als sie hinter ihm auf die Bühne steigt. Wow! „Wer hat denn die Lotta so aufgebrezelt?", frage ich. „Wach auf, Lena! Nix Lotta. Liza ist das. Lotta sitzt noch am Tisch." Wir quetschen uns alle bei den Biermännern eng zusammen und trauen unseren Augen nicht.

Julia drückt Till-Rasmus das Mikrofon in die Hand. Er hebt den Daumen: „Musik an!" Alle vier singen live, und sie stecken uns an mit ihrer Begeisterung. Nämlich Olga-Oskar sind die geborenen Tanztalente, so winzig sie auch sind. Tante Liza lässt sie einfach hüpfen, hopsen, sich zur Musik verrenken und verdrehen. Im Hintergrund geht sie wahninnig gut auf die beiden ein. „So was hab ich noch nicht gesehen", höre ich Svea. „Voll krass diese Zwerge!", stimmen BB ihr zu. „Liza ist auch genial! Hätte ich nie gedacht von der", gibt Anna ein bisschen neidisch zu. Ich peile zu Kay-Konny.

Denen steht der Mund offen. Beiden gleich weit, würde ich sagen. Ach, gute Mam, da kommen wir lahmen Göttinger beim besten Willen nicht ran.

Warum macht eigentlich die Lotta nicht mit? Das fragen sich die Zuhörer anscheinend auch.

Kaum ist - nach STANDING OVATIONS - einigermaßen Ruhe im Saal, lässt Julia sich von Till-Rasmus das Mikro geben. „Ich spreche sicher im Namen von uns allen Zuhörern: Das war grandios! Ihr vier seid einfach umwerfend! Der tollen Mama kann ich nur gratulieren, weil sie ihren flotten Tanzkindern und dem super Sänger ihr unglaubliches Talent vererbt hat.“ Halloo! Ist die da oben doch die Lotta? Oh, nein! Die Liza lacht nämlich hell auf und zeigt hinüber zu ihrem Zwilling. „Die Mutter dieser tollen Kiddies? Nein, die findet ihr da drüben. Mama Lotta, herkommen!“

Langsam steht diese Mama auf und nähert sich zögernd dem Bühnentreppchen. „Zugabe!“, tönen die Stimmen von Kay-Konny. „Zugabe! Zugabe!“, kommt das mehrfache Echo. „Zugabe!“, brüllen wir zu viert.

Julia flüstert Lotta was zu. Die schaut verlegen. „Zugabe!“, brüllt unser ganzer Biermann-Tisch. Liza streckt ihrem Zwilling die Hand hin. „Mami auch singen und tanzen!“, tönt es dreistimmig. Da gibt Lotta sich schnell geschlagen. Ein feines Leuchten geht über ihr Gesicht. Sie nimmt an jede Hand einen Zwilling und bittet Julia, das Mikro noch mal an Till-Rasmus weiterzugeben. Atemlos starren wir zur Bühne. Boah eyh! Diese Lotta ist ja voll der Hammer! Ich finde sie sogar noch eine Spur besser als ihren Zwilling, als sie nach nur ein paar Takten Unsicherheit plötzlich loslegt. Locker bewegt sie sich mit ihren Kindern und ihrer Schwester über die Bühne, fast wie ein Profi.

„Bravo! Spitze!“, schreit jemand. Jap, das ist voll BRAVO! Spitzen- und hammermäßig!

Ich drehe mich nach Hubert Kränzchen um. Dem fallen fast seine sanften Augen aus dem Kopf. Logisch! Wer hätte das hier auch erwartet von der stillen, zurückhaltenden Mama Charlotta?

Die Julia kriegt sich hinterher kaum ein. „Gewaltig! Großartig!“, meint sie zum Schluss. „So viele tolle Zwillinge müssten wir immer hier bei uns haben. Im nächsten Sommer solltet ihr unbedingt alle wiederkommen. Unbedingt, hört ihr! Zum Zwillingsrabatt, versteht sich.“

„Das ist ein Wort!“, ruft Daddy, und wir reißen acht Arme hoch. „Jippiiieeh!“, schreit Anna mit glänzenden Augen.

Hubert strahlt mit Liza-Lotta um die Wette. Als wären diese Talent-Zwerge seine eigenen. Na also! Geht ja doch, Hubertchen! Die Lotta passt halt viel besser zu dir als unsere Marie mit ihren unmöglichen, durchgeknallten Hubert-Nervi-Zwillingen.

Julia ist noch nicht fertig: „Kommt bitte ihr Zwillinge alle noch einmal auf die Bühne.“ Was soll das denn jetzt??

Foto-Shooting ist angesagt. Noch ein paar neue Super-Zwillings-Fotos müssen sein. Okay, wenn ´s denn sein muss.

Wir quetschen uns auf der engen Bühne aneinander. „Ameisenscheiße mit Schokosahne!“, flüstert Ben deutlich. Das gibt zehn typische Grinse-Gesichter. Die Julia schießt mindestens zwanzig verschiedene Aufnahmen.

„Die Gäste, die nach euch kommen, sollen doch staunen. Eigentlich müssten wir allen unseren Gästen das Video von unserer heutigen Super-Zwillingsshow zeigen.“

Äh, Video? Wir gucken verblüfft. Hat uns jemand gefilmt? Wir glauben es ja nicht:

Ausgerechnet das Kränzchen hatte diese prima Idee. Na, blöd ist er wenigstens nicht, der Wander-Hubert. Möglichst höflich bedanken wir uns bei ihm. Er lächelt gönnerhaft.

„Eine solche Gelegenheit konnte ich mir einfach nicht entgehen lassen, ihr Zwillinge." Er wendet sich an BB: „Na, Bastian, hast du denn schon Muskelkater vom Wandern?" „Nee, muss man den haben?", antwortet Ben. Hubert rollt mit den Augen. „Wer von euch beiden ist denn der Bastian?" BB tippen sich gleichzeitig auf die Brust. „WIR natürlich!"

„Aha!" Hubert nickt verunsichert. „Und wer von WIR war heute mit uns am Berg?"

Wieder klingt es doppelt und todernst: „WIR natürlich!" Hubert guckt zuerst mir, dann Anna in die Augen und seufzt: „Ich frage besser Annalena. Wer von den zweien ist denn nun der echte Bastian?" Anna reagiert prompt mit einem Küsschen auf Bens Nasenspitze. Ich pruste los und tippe Bastian mitten auf den Bauch. Hubert versucht zu lachen, - na ja, wird eher ein verkrampftes Schnaufen. Marie kommt ihm zu Hilfe: „Ach, du armer Hubert, versuche erst gar nicht, ZWILLINGE auseinanderzuhalten. Da kannst du mal sehen, wie schwer ich es habe als geplagte Zwillingsmutter. Und das rund um die Uhr und durchs ganze Jahr!"

Der Hubert lächelt sie dankbar-erleichtert an: „Falls du Hilfe brauchen solltest, sage mir ruhig Bescheid, Marie."

Er legt ihr kurz die Hand auf die Schulter.

„Braucht hier wer Hilfe? Wobei?" Kay-Onkel steht da plötzlich mit seinem coolsten Kay-Lachen neben uns.

„Beim Brave-Zwillinge-Hüten", klärt Anna ihn auf. „Ach, wirklich? Das schaffst du doch spielend allein, du kluges Mutti-Schätzchen." Schon drückt Kay unserer verdatterten Mutter rechts und links ein Küsschen auf. Jemand tippt ihm auf die Schulter. „Dein Paulchen sucht dich, Daddy!"

Also gar nicht Kay?? Fröhliches Gelächter. Sogar Hubert amüsiert sich über Mams verblüfftes Augenrollen.

„Na wartet, ihr schlimme Lausebande!“, grollt sie. „Oh, Hubert, Zwillinge sind wirklich manchmal die reinste Landplage! Das darfst du mir glauben.“

Svea grinst frech: „Was soll ich da sagen? Gleich vier von der Sorte. Das sind jetzt im Urlaub täglich einundfünfzig geballte Zwillingsjahre.“

Anna stutzt: „Nee! Echt? So alt sind Kay-Konny schon?“ Svea lacht schallend: „Oh, bitte nicht! Zusammen, Anna, meine ich. Für beide BB vierzehn Jahre und für KK jeweils siebenunddreißig.“ Schnellrechner Anna macht weiter: „Unsere dreizehn AL-Jahre dazu … macht vierundsechzig, und das alles mal zwei!“

„Gibt Hundertachtundzwanzig“, ergänzt Bastian schnell. „Gewaltig hört sich das an!“, freut Ben sich mit mir.

Auch Hubert muss seinen Senf dazugeben: „Seid ihr beide froh, dass ihr sie habt, eure tollen Zwillinge. Man könnte direkt neidisch werden, weil man keine eigenen Kinder hat.“

Ben-Lästermaul kann ´s nicht lassen: „Das kommt ja vielleicht noch, Herr Kranz.“ Anna kann sich nicht verkneifen: „Wer weiß das schon, Herr Hubert?“

Superstar Eliza stolziert auf uns zu, ihr eingebildetes Zahnpasta-Lächeln inklusive. „Ich muss euch leider kurz stören. Lotta braucht dich mal, Hubert-Darling. Hast du Zeit?“ Schon zieht sie ihn mit sich wie einen Dackel.

„How nice! Den Darling sind wir los! Thanks, soo pretty Eliza! We love you so much!“, sagen vier Lästerbacken auf einmal und ernten gespielt strenge Blicke von ihren ach-ja-so genervten Zwillings-Müttern.

Julia meldet sich wieder, diesmal mitten aus dem Saal. „Nach diesem wunderbaren musikalischen Auftakt unserer wundervollen Gäste begrüßen wir jetzt unsere beiden Vollblutmusiker, den Josef und den Markus aus St. Johann.“ Wir klatschen wie wild. Denn das bedeutet ja wohl:

Lämmerhüpfen ist angesagt. Der Abend geht erst richtig los!! Mit affenstarker Party??

Dieses Alpen-Duo heizt uns richtig ein auf ihren verschiedenen Instrumenten. Dann kündigt Julia den musikalischen Knüller an mit einem besonders herrlichen Instrument aus unseren herrlichen Bergen: „Nach ihm haben wir übrigens unser Familienhotel benannt.“

Schon kräht Till-Rasmus los: „Alphorn!“

Julia lobt ihn: „Hundert Punkte für dich, Till-Rasmus!“ Fast feierlich zieht Markus dieses lange Instrument aus der Schutzhülle. Gespannte Stille, bevor er die ersten dunklen Töne erklingen lässt. Gebannt lauschen wir, wie sie leicht durch den Saal zu schweben scheinen. Tiroler Alphorn! Wow, wie romantisch das erklingt! Mehrere Gäste dürfen versuchen, diesem überlangen Rohr ein paar Klänge zu entlocken. Nur zwei schaffen es, weil - wie der Markus zugibt - das besonders schwierig ist und er früher sehr lange üben musste für seine ersten, einigermaßen wohlklingenden Töne. Anna schaut die beiden Musiker kritisch an: „Wenn das jetzt auch noch Zwillinge wären, …“

Pech für sie, denn die zwei sehen sich so was von kein bisschen ähnlich. Dafür ist ihre TIROLER MUSI extrem gut abgestimmt. Immer wieder wechseln sie ihre Instrumente. Von Oldies über Rock, Austria Pop, dazwischen lustige Schnulzen, also Ohrwürmer zum Mitsingen für die älteren Gäste. Und vieles zum Volle-Lautstärke-Mitgrölen für uns. Egal, ob man vom Kufstein-Lied den Text nur halb kennt. Auch Tanzspiele bieten sie an. Natürlich darf die `Polonäse Blankenese´ nicht fehlen. Und dann, hurra, der uralte Ententanz! Mit flügelschlagenden Armen und wackelnden Popos bei der Jugend und erst recht bei den Älteren. Till-Rasmus und Paula sind darin Spitze und flippen fast aus vor Enten-Freude! Lottas Winzlinge sind die bewunderten Stars des Abends. Werden die gar nicht müde?

Till-Rasmus tanzt, - na gut, `hüpft´ am liebsten mit Paulchen zwischen den Großen herum. Lotta und Svea dürfen dabei mitmachen, sogar auf der Bühne. Wir Kleeblatt albern mächtig auf der Tanzfläche herum. Julia und Olivia, in Top-Stimmung, wuseln zwischen allen herum, lassen sich von Kay-Konny, Hubert (oh, doch kein Tanzmuffel, wie Anna vermutet hat!) und anderen Gästen herumschwenken und sind spitzenmäßig drauf. Später mischt sogar das Küchenpersonal mit beim ausgelassenen Tanzen.

Unsere Mam ist heute nicht wiederzuerkennen mit ihren leuchtenden Augen und zerzausten Haaren. Sie lässt kaum einen Tanz aus. Wann haben wir sie so locker und übermütig erlebt? Meinem voll aufgedrehten Zwilling fällt das natürlich nicht auf. Muss auch nicht. Ich kann es ihr später sagen.

Fast Mitternacht ist es auf meinem Handy, als Markus und der Sepi anstimmen: „Guten Abend, gute Nacht …“

„Och, schon vorbei?“ Anna streicht sich die verschwitzten Strähnen aus der Stirn. „Aber hallo! Habt ihr immer noch nicht genug, Annalena?“, schnaufen BB außer Atem.

„Das könnte euch so passen, BB!“ Anna wirbelt die beiden gleichzeitig noch ein letztes Mal herum. Ich muss gähnen. Einfach bombig hoch tausend war der Abend, doch jetzt habe ich genug von MUSI in jeder Form und Lautstärke. Meine Träume sehen das anders. Von Kay-Konny,

Hubert und dem lustigen Chef-Koch lasse ich mich um den ganzen Pool herumwirbeln, bis ich mit einem Platsch im Wasser lande und auf den Grund tauche. Plötzlich sind Kay-Konny neben mir und wollen mich retten. Zum Dank küsse ich sie beide. Da ist auch das Kränzchen und zieht mich in seine starken Wanderer-Arme. „Loslassen!“, pruste ich, schlucke Wasser, - etwas knallt gegen meine Stirn.

„Lena!! Lena, wo bist du?“ Ich blinzle in Taschenlampenschein. „Warum fällst du dauernd aus dem Bett?“, wundert sich mein Zwilling.

„Das Kränzchen ...“, japse ich. „Küssen wollte es mich.“ Anna prustet los: „Au weia!“ Sie ist sofort putzmunter.

Ich reibe mir die Augen, betaste meine Stirn und lasse mich zurückziehen in mein traumwarmes Bett. Meinen dämlichen Traum erzähle ich nur noch bis zur Hälfte, weil ich dabei einschlafe.

MARIE: „Bin ich stolz auf meine Zwillinge. Hätte ich ihnen das zugetraut? Anna vielleicht, aber Lena?“

IHR QUENGELCHEN: „Nein, das hast du nicht, Marie. Für dich sind Annalena immer noch die süßen kleinen tollpatschigen Mädchen.“

MARIE: „Haha! Das waren sie vor einer Ewigkeit.“

I.QU.: „Aber inzwischen sind sie längst dabei, dich zu überholen, auch wenn du das nicht wahrhaben willst.“

MARIE: „Sie sind mal gerade erst dreizehn!“

I.QU.: „Hast du keine Augen im Kopf, Marie? Sie sind auf dem allerbesten Wege, dir davon zu flattern, deine süßen Vögelchen.“

MARIE: „Jetzt übertreibst du aber! Blind bin ich ja wohl nicht!“

I.QU.: „Sei ehrlich zu dir, Marie. Du willst gar nicht, dass sie zu schnell erwachsen werden, stimmt ´s? Lass sie einfach fliegen und sieh zu, wie du mit deinem eigenen Leben klarkommst."

MARIE: „Wieso? Ich komme klar!"

I.QU.: „Aha? Was du nötig brauchst, ist jemand, der dich fest an die Hand nimmt und dir endlich zeigt, was es sonst noch gibt außer Uni-Büchern, Kindern und Haushalt."

MARIE: „Jaaa, ich weiß! Jemand wie der coole Kay, ja? Oder der so nette Hubert? Warum willst du mir die beiden unbedingt aufschwatzen?"

I.QU.: „Irgendwer muss es ja tun, bevor du uns noch völlig versauerst."

MARIE: „Ach, verflixt, lass mich einfach in Ruhe, du mit deiner nervigen Moralpredigt."

I.QU.: „Was anderes fällt dir wohl niemals ein als dieser dumme Spruch? Okay, mach halt immer so weiter mit deiner albernen Ruhe. Aber warte! Eins muss ich dich noch fragen: Siehst du eigentlich nicht, wie deine erst dreizehnjährige Anna abfährt auf den Bastian?"

MARIE: „Klar sehe ich das. Du, stell dir vor, die beiden werden irgendwann tatsächlich ein Paar! Und kriegen dann natürlich auch ..."

I.QU.: „Zwillinge? Genau das wär´s doch! Eine hübsche Vorstellung, nicht wahr?"

MARIE: „Allerdings. Nicht nur Mutter, nein, sogar Oma von Zwillingen! Schade, Lena scheint sich für den Ben eher nicht zu interessieren."

I.QU.: „Wenn deine braven Zwillinge wüssten, worüber du dir Gedanken machst."

MARIE: „Und wenn ICH wüsste, worüber SIE sich ihre Gedanken machen. Irgendwas spukt da drin herum in ihren hübschen Köpfen. Ich sehe ihnen das an den frechen Nasenspitzen an. Hoffentlich hecken sie nix komplett Verrücktes aus! Wäre nicht das erste Mal.“

I.QU.: „Oh weh! Und dann zwei BB dazu. Sie scheinen auch die perfekten Schlitzohren zu sein.“

MARIE: „Wie wohl die meisten Ein-eiigen. Ich muss dringend mit der Svea reden. Die kann hellsehen beim Thema ZWILLINGE, glaube ich. Sie ist halt im Doppel gestraft mit BB plus Kay-Konny, ihren vier Supermännern.“

I.QU.: „Ach nee! Höre ich da neue Töne? Kay - ein Supermann? Klingt das etwa nach einer veränderten Marie?“

MARIE: „Vielleicht? Wer weiß?“

10. Kapitel: Aus? - Vorbei? - Finito?

Am Samstag treffen wir uns natürlich später als sonst beim Frühstück nach dieser kurzen Nacht. „War das ein herrlicher Abend!“, schwärmt unsere Mutter. „Voll krass war der, Mam. Und mega-witzig“, müssen wir sie korrigieren.

Da steht das Kränzchen neben uns und schaut uns an mit seinem trüben Dackelblick. „Ich muss mich leider von euch drei reizenden Mädels verabschieden.“ Seine Stimme klingt ehrlich traurig. „Oh, du musst schon fahren, Hubert? Das ist ja tatsächlich jammerschade.“ Hört auch Marie sich fast ein bisschen traurig an? Bitte nicht, Mam! Nicht wegen DEM!

„Aber es ist notwendig. Ab Montag ruft die Pflicht. Ich fahre nämlich am liebsten sozusagen anti-zyklisch, müsst ihr wissen.“ Das bedeutet nix anderes, als dann zu fahren, wenn mit den wenigsten Staus zu rechnen ist, erklärt er uns. Tja, gar nicht dumm, das Kränzchen, oder was?

Wir Zwillinge verabschieden uns mit dem süßen Honig-Lächeln: „Gute Fahrt, Herr Kranz!“ Dazu mit bravem Handschlag. Deine Annalena wissen doch, was sich gehört, liebe Mutter! Manchmal wenigstens.

Marie wird umarmt und bekommt die üblichen Küsschen rechts und links. Dazu die Visitenkarte vom `Diplom Kaufmann Hubertus Kranz aus Frankfurt´. „Darf ich hoffen, von euch Göttingern zu hören?“

Vom Biermann-Tisch guckt einer reichlich angefressen herüber zu unserer vertrauten Abschiedszeremonie. Hoffen? Klar darfst du das, Kränzchen. Mit größter Mühe verkneifen wir uns das boshafte Annalena-Zicken-Grinsen.

Unsere Mutter jedoch sagt betont liebenswürdig, fast herzlich: „Natürlich, du lieber Wanderfreund. Im nächsten Sommer sind wir ziemlich sicher alle drei wieder hier im neuen Wohlfühl-Zwillingshotel und stellen uns vor, dich dann auch zu treffen. Ich freue mich heute schon auf unsere nächste gemeinsame Bergtour mit dem Hans."

Hahaha! Sülz-sülz-sülz! So zuckersüß kennen wir dich ja gar nicht, Laber-Mütterlein. Muss wohl sein, oder? Armes Hubertchen! Guckst jedenfalls, als weißt du nicht, sollst du der lieben Marie jetzt lachend um den Hals fallen oder in Tränen ausbrechen. Ja, tust mir direkt leid, Kränzchen. Deutlicher kann es wohl kaum sein, gell?

Kaum ist er nach seinem Abschied von den Biermanns und danach von Liza-Lotta und den Minis aus der Tür, gibt Anna das Startzeichen zum allgemeinen fröhlich-schadenfrohen Gelächter. Marie und Svea winken sich verständnisvoll zu, verziehen aber keine winzige Miene. Ihr Mitgefühl hat das Kränzchen wenigstens bis in alle Ewigkeit.

„DEN sind wir los. Endgültig!", heißt das Siegerzeichen der Jungs. Soll unsere dumme Marie sich ruhig auf den nächsten Sommer plus gemeinsamer Hans-Bergtour freuen. Wir freuen uns erst noch auf unseren gemeinsamen letzten ungestörten Tag. Den werden wir vier doppelt genießen und möglichst wenig an morgen denken.

„Du hast garantiert heute deinen letzten Massagetermin, Mam?", erkundigt Schlitzohr Anna sich betont fürsorglich.

„Oh, ja, danke, Annalena! Diese Idee könnte von mir sein. Ich frage Svea, ob sie auch noch mal Lust hat."

Äh, meint sie damit, wir haben Nervi-Paula an der Backe? Wenn schon, ist ja letzter Ferientag. BB sehen das auch so. Kay-Konny möchten heute ihre Brüder-Bergrunde machen, nur allein zu zweit, ohne jeden Anhang. Sei ihnen gegönnt. Wir Glückskinder haben also Ruhe, weil Erwachsenenfrei. BB schlagen Spielplatz vor, denn dort ist Paula mit Lottas Zwergen abgelenkt, und wir halten ungestört Abschluss-Kriegsrat. BB drucksen erst rum, `beichten´ dann kleinlaut, sie müssen unbedingt Svea einweihen in unsere Zoo-Pläne.

Ob wir sauer sind deswegen? Warum? Ist doch hundertpro sicher: Mama Svea kann schweigen. SIE muss halt die Eintrittskarten für alle bestellen, vor allem sie bezahlen.

„Zu Händen Annalena Annemöller schicken, bitte", sagt Anna. Am besten unter der Woche, damit wir den auffällig dicken Brief unbemerkt abfangen und verstecken können. BB gefällt unser witziger Name. He, BEN und BASTIAN BIERMANN, das klingt nicht weniger ulkig, kontern wir.

„Ich wüsste zu gerne, ob Marie und Kay sich mailen." Ben reibt sich seinen Nasenfleck. „Worum wetten wir?"

Ich sage: „Nee, kommt nullnix in Frage, wie ich unsere sture Mam kenne." Anna zieht ihre braungebrannte Stupsnase zu schrägen Kräuseln.

Ben überlegt kurz: „Wette trotzdem angenommen, Anna? Um einen Riesen-Eisbecher mit ´nem Berg Schlagsahne. Wie wir Onkel Kay kennen, lässt DER so schnell nicht locker." Bastian guckt mich an: „Und du, Lena? Wettest du mit mir? Um eine Runde bei Mac Burger, wenn ihr uns am Rhein besucht? Der Verlierer zahlt einen Cheeseburger." Wir schlagen alle vier ein. BB sollen versuchen, über Svea was Eindeutiges zum Thema Mailen oder Skypen zwischen Hannover und Göttingen rauszuhorchen.

„Wir treffen uns am besten nur nachmittags im Internet, bevor Mam zurück ist aus ihrem Uni-Bücherstaub", schlage ich vor. „Sie hört leider sofort sämtliche Flöhe laut husten, egal, wie harmlos wir zwei was aushecken."

Als eine hochzufriedene, frisch massierte Marie mit Svea am Pool erscheint, sitzen wir Kleeblatt dicht nebeneinander auffallend musterbrav am Becken und baden unsere Füße. Sie mustert uns übertrieben misstrauisch. Warum wohl?

„Ihr feiert schon fleißig Abschied?", vermutet Svea.

„Logisch!" Vier Köpfe nicken spontan. „Kann man nicht früh genug mit anfangen und sich dabei aufs nächste Mal freuen." Ben klatscht Anna aufs Knie. Die klatscht zurück. Ben klatscht mich … Bis wir vier nacheinander im Wasser landen. Unsere Mütter schauen dem Kleeblatt-Badespaß schmunzelnd zu. Sie und Daddy sind sich so einig wie wir:

BB und Annalena haben sich hier gesucht und gefunden. Ich weiß haargenau, was Mam jetzt mit sorgenvoller Miene loswerden muss: „Oh, du arme Svea! Wird es dir auch nicht zu heftig, in den Herbstferien das ganze Kleeblatt zu hüten?" Was wird Svea antworten? „Komm doch einfach mit, Marie, und hilf mir beim Hüten! Hast du nicht noch Urlaub?"

Ich muss das sofort an BB und Anna weitergeben, pardon, kichernd weiter flüstern. Die logische Folge: albernes Zwillings-Gegacker. Ach, Mam, darfst ruhig zu Hause bleiben! Deine braven Annalena können sich ganz gut selber hüten!

MARIE: „Eigentlich schade, dass der Hubert heute schon fahren muss. Er wird mir hier direkt fehlen mit seiner liebevollen, treu-ehrlichen Art."

IHR QUENGELCHEN: „Wie bitte??? Dafür hast du dich allerdings reichlich kurz und schmerzlos von ihm verabschiedet. Darf man fragen: Warum?"

MARIE: „Ehrlich gesagt wegen Annalena. Sie finden ihn einfach nur langweilig und steif, mit ihren Worten so was von uncool, weil sie ihn ständig mit den lockeren Biermanns vergleichen. Ich wette, sie hätten sich direkt über uns lustig gemacht bei einem allzu vertrauten Abschied."

I.QU.: „Oh, diese Wette gewinnst du jedenfalls. Deine Schätzchen haben schon ellenlange Gesichter gezogen wegen Huberts Visitenkarte. Sie werden mit BB wetten, dass du dich im Leben nicht bei dem netten lahmen Herrn Dipl. Kfm. in Frankfurt melden wirst."

MARIE: „Muss ich ihnen das denn auf ihre neugierigen Annalena-Nasen binden? Na ja, falls ich mit ihm mailen oder telefonieren sollte?"

I.QU.: „Ach so? Hast du das tatsächlich bombenfest in deinem eigensinnigen Hinterkopf abgespeichert? SKYPEN und SMS zufällig auch?"

MARIE: „Wer redet denn von fest? Aber warum eigentlich nicht? Er ist doch ein liebenswerter Mann und ein besonders guter Wanderkumpel. Mein Lover muss er deshalb noch längst nicht werden, oder?"

I.QU.: „DAS sehen Annalena auch so. Ganz klar. Frag sie ruhig mal!"

MARIE: „Ich weiß. Sie fahren mehr denn je total ab auf BB und Kay-Konny. Leider muss ich sie enttäuschen. Ich werde nämlich ganz sicher nie mit KAY mailen. Was hätte ich wohl unterm Strich davon?"

I.QU.: „Auch ich weiß: Urlaub ist Urlaub. Und Alltag ist Alltag. Ja-ja-ja, die arme, schrecklich sture Marie!"

MARIE: „Ja und? Im Urlaub hat es einfach gepasst."

I.QU.: „Soso! Im Alltag passt es einfach nicht mehr?"

MARIE: „NEIN! Auf gar keinen Fall! Akzeptiert das doch alle mal endlich."

I.QU.: „Nur die weißen Wolken hören mein abgrundtiefes Seufzen ...“

MARIE: „Haha! Ich freue mich eben einfach auf unseren nächsten Tirol-Urlaub.“

I.QU.: „Auch hahaha! Ein ganzes langes Jahr, 365 Tage, nur drauf freuen? - Du spinnst völlig, liebes Mariechen!“

MARIE: „Herzlich Danke! Und Themawechsel!“

11. Kapitel: Zeitungs-Zwillinge

So ungestört wie geplant ist unser letzter Samstag jedenfalls nicht. Denn die Julia hat uns beim Frühstück etwas höchst Wichtiges anzusagen:

Nach unseren großartigen Karaoke-Auftritten ist die Hotel-Führung hellhörig geworden. Das aktuelle Thema heißt seit gestern Abend:
Das womöglich schon sehr bald brandneue WOHLFÜHL-ZWILLINGS-HOTEL ALPHORNSTEIN. Wie das denn? In den nächsten Tagen sind wir doch leider alle wieder in unsere Heimat verschwunden. Ja, ganz richtig, und darum müssten schon sehr bald neue Zwillinge her!

„Ach ja? Und wollt ihr die vielleicht her hexen?“, ruft Anna. Oh, nein, keinesfalls hexen. Anlocken will man die, erklärt Julia den staunenden Gästen. Eine gezielte, groß angelegte Werbekampagne muss eiligst sogenannte Zwillings-Wochenenden, dazu natürlich Zwillings-Urlaub vom Allerfeinsten präsentieren. „Und das sogar im Ausland“, sagt die Julia. „Dort wo die meisten Gäste herkommen: Italien, Frankreich, Belgien, Spanien, die Niederlande, …“

„Great Britain!“, ruft jemand.

„Dänemark?“, schlägt der Hubert vor.

„Auch Schweden und Finnland?“, vermutet Konny.

Julia nickt und ergänzt: „Wir haben zunehmend sogar Gäste aus den Arabischen Staaten.“

„Wohnen da überall Zwillinge?“, wundert sich Paula und ist überrascht, weil sie damit herzliches Lachen auslöst. „Gibt es für die dann auch euren Zwillingsrabatt?“, möchte Daddy wissen. Selbstverständlich. Dadurch soll die Aktion ja zusätzlich attraktiv werden und viele Zwillinge überall auf unserem Planeten neugierig machen auf Tirol.

„Und ihr glaubt, das funktioniert?“ Werbe-Freak Kay ist da eher skeptisch. Aus eigenen Erfahrungen, wie er meint.

„Einen Versuch ist es wert, nicht wahr?“ Julia lächelt ihr optimistisch-ansteckendes Lächeln in die Gästerunde.

Zwei ältere Paare, die erst am Freitagmorgen angekommen sind, outen sich jetzt auch als Zwillinge. Aus Süd-England. Nur die zwei Frauen sehen sich jedoch ähnlich. Lustig, dass auch ihre Ehemänner Zwillinge sind. Allerdings zwei-eiige, die man kaum als ähnlich ansehen würde. Sie stellen sich vor als Sheila mit ihrem Albert-Darling und Shirley mit Antony. „Wisst ihr eigentlich von dem jährlichen Frühlings-Zwillingstreffen in St. Johann?“ fragen sie die Julia.

In English, of course. Deswegen sind sie nämlich vor zwei Jahren das erste Mal nach Tirol gekommen, und es hat ihnen so wonderful gepleased, dass sie künftig jedes Mal dabei sein wollen.

Von Ende Mai bis über den Fronleichnamstag stolperte man mitten im malerischen ST. JOHANN IN TIROL an jeder Straßenecke über Zwillingspaare jeden Alters. Eine Woche lang gab es ein spezielles Programm. Shirley kramt einen Zeitungsbericht aus ihrer Handtasche und lässt die Julia uns den laut vorlesen:

„Doppeltes Lottchen beim 35. ZWILLINGSTREFFFEN.“ Von einer `Weißen Nacht´ im Kaisersaal wird berichtet, zu der alle Zwillingspaare `ganz in Weiß´ erscheinen sollten. Vom kleinen Knödelfest auf der Alm und einem Trachtenfest am St. Johanner Hauptplatz.

„Wow! Da hätte ich jede Menge Bock drauf. Muss voll witzig sein mit so vielen Gleich-Gesichtern“, schwärmt Anna. „Hast aber keine Ferien“, muss ich sie bremsen.

Leider gibt es diesen speziellen katholischen Feiertag in Niedersachsen nämlich gar nicht. „Macht nix. Dafür lockt uns ja ab sofort das spezielle Zwillingshotel Alphornstein wieder regelmäßig hierher in die Tiroler Berge“, vertröstet Svea meine enttäuschte Schwester.

„Bin gespannt, ob diese gewiss ausbaufähige Idee hier so prima einschlagen wird, wie das kreative Hotelteam sich ´s erhofft“, meint ein immer noch nicht überzeugter Konny.

„Annemöllers werden jedenfalls die Daumen und großen Zehen kneifen. Ganz, ganz fest!“, verspricht unsere Mutter.

„Und wir werden alle oft wiederkommen“, sind BB sicher.

„Und reichlich Werbung für euer langes Alphorn machen“, verspricht der Werbeprofi Kay.

Julia bedankt sich herzlich - und ist noch nicht fertig: „Könntet ihr alle euch heute nochmals ein Fotoshooting vorstellen, mit sämtlichen anwesenden Zwillingen?“

„Mit den Abwesenden geht ´s wohl schlecht“, muss Ben sich fix wichtigmachen.

Reichen denn die tausend Fotos von gestern Abend nicht?

„Ja und nein. Wir möchten wirklich noch gerne, dass man euch Zwillinge im sommergrünen Außenbereich unserer Alphorn-Hotelanlage bewundern kann. An den Alphornsteinen, am Pool, auf den Tennisplätzen. Die Kleinen an den diversen Spielgeräten, euch Jugend beim Baden am See, und so weiter.“

„Klingt durchaus vernünftig“, finden Svea und Mam und sehen sich auffordernd um. „Also, liebe Zwillinge, macht ihr alle mit?“ Dabei agieren sie beide ja quasi bloß als lumpige Statisten. Klar machen wir alle noch mal mit! Hört sich doch total verlockend an, so ein gezieltes Werbe-Fotoshooting.

„Warum hast du, liebe Julia, uns eure Pläne eigentlich nicht gestern Abend schon verraten?“, meldet sich Kay.

Sie wollte vermeiden, dass wir uns beim Wissen um das Fotografiert-werden bloß unnötig verkrampfen. Und sie, beziehungsweise ihr gesamtes Team, ist eben aus dem Grund völlig begeistert, weil wir Zwillinge uns natürlich-locker und erfrischend entspannt bewegen. Upps!

„Unsere tausendschöne Eliza? DIE und so locker-natürlich-erfrischend!“, spotten BB in die Runde, egal ob Liza und Lotta es mithören oder Peng.

„Kommen wir dann auch in die Zeitung?“ Eine typische Paulchen-Frage! „Klasse! Prima mitgedacht, Kleines!“, lobt eben diese Eliza und verzieht keine Miene. Sieht sie sich bereits mit Lotta-Zwilling als VIP-Titelgesicht in der neusten GALA?

„Ja, sogar das haben wir geplant, Paula“, freut sich Julia. „Außerdem lassen wir von unserem Werbegrafiker einen gesonderten Prospekt entwerfen. Die Angelegenheit wird nicht wenig spannend, wie ihr unschwer merkt.“

Noch weitere Fragen? Die Sheila muss (in very best Englisch, of course!) wissen, ob wir Zwillinge uns jeweils beide gleich ankleiden sollen. Davon geht Julia doch mal aus. So ähnlich wie möglich sollen wir Paare ausschauen.

„Der Reporter unserer Tiroler News hat sich für 10:30 Uhr angemeldet. Schafft ihr das alle?“

„Mit oder ohne Makeup und Lippenstift?“, lästern BB. „Die Herren mit, die Damen ohne.“ Konny kann es nicht lassen. Alle amüsieren sich köstlich bei dieser hübschen Vorstellung. Vor allem unsere supergestylte Liza mal nur gänzlich ohne? Oh, Graus! Oh, großer Schreck!!

Überpünktlich treffen sich Zwillinge und Statisten vorm Haupteingang. Die vier ulkig-lieben Engländer `are feeling most excited´! Selbst die Julia wirkt gerade etwas nervös. Heute lässt sich direkt der Papa-Hotel-Manager vormittags mal sehen, mit Tochter zwei, der Olivia, an seiner Seite.

Den Mann neben sich mit der schweren Kameratasche stellt er uns als den Obermair Georg vor, den wir einfach den `Schorsch´ nennen dürfen. Er soll einen Bericht für seine Zeitung schreiben und möchte dazu von uns eine Foto-Reihe machen.

„Natürlich nur, wenn ihr hoffentlich alle einverstanden seid“, sichert der Hotelchef sich nochmals bei uns ab.

Alle zehn Zwillinge nicken eifrig, am meisten die beiden süßen Zwerge. „Ich schätze, wir werden noch berühmt.“ Ben klopft zuerst seinem Bruder, dann sich selber kräftig auf die Schulter.

„Kein Zweifel! Wenn euer Foto in der Almhütte neben dem legendären Ski-Toni hängen darf. Und was weiß ich, wie viele andere VIPs in all den Jahren außerdem da hinaufgekraxelt sind“, freut sich Mama Svea.

„Das heißt, wir sind ab sofort die VIZ“, kombiniert Basti. VIZ? Was bedeutet das denn? Ich gucke ihn prüfend an. „Schalte mal husch deine kleinen grauen Zellen ein, Lena!“, fordert Anna mich auf. Ach so! Endlich klickt es sogar bei clever Lena: „So very important sind wir ja gerade nicht.“

Bastian ist anderer Meinung. „Wetten doch? Wir schicken euch den Zeitungsartikel, falls er bis zum Mittwoch schon drin ist im Tiroler Käseblatt.“

„Das ist das Mindeste, was wir von dir erwarten dürfen, liebe Julia“, ruft Daddy stellvertretend für alle Zwillingsgäste.

Julia lacht: „Steht längst auf meiner To-Do-Liste, ihr Biermann-Zwillinge. Das Video plus die Zeitung."

Dann scheucht sie die Truppe eilig in den Hotelgarten.

Mit Hilfe von Bastians „Wer mag Smaaarties?" und „Ameisenscheiße!" schießt der Georg-Schorsch gefühlte hundertfünfzig Zwillingsfotos. Sogar Olga-Oskar halten heldenhaft-eisern mit an Lottas Händen.

Kaum hat der Schorsch seine Kameratasche umgehängt und ist mit einem munteren „Vielen Dank an euch alle, ihr Zwillinge! Servus und Pfiat enk!" in seinem Geländewagen verschwunden, klettern die Zwerge auf die großen Steine und turnen an dem langen Alphorn herum wie die flinken Äffchen.

Till-Rasmus probiert energisch, einen Ton zu blasen und gibt nach seinem fünften Versuch enttäuscht auf.

„Für kleine Buben ist das noch arg schwierig", meldet sich der Hubert. Huch! Wo kommt DER denn auf einmal her? Der müsste doch längst in Frankfurt sein. Tja, sein Pech! Er musste unterwegs umkehren, weil er etwas Wichtiges vergessen hat. - Tja, dein Pech, Kränzchen! - Und da musste er unbedingt noch heimlich beim Fotoshooting zugucken vor seiner endgültigen Heimreise. - Haha! Und deine liebste Marie noch mal von weitem anschauen, du netter Wander-Hubertus, gell?

Ja, aber dann nutzt das wiederaufgetauchte Kränzchen seine Chance zu einem sachkundigen Vortrag über Alphörner. Ääh? Will wer den etwa hören? Doch dann spitzen wir überrascht die Ohren. Aus Holz werden sie handgeschnitzt, am liebsten aus Nussbaum, aber auch aus heimischen Tiroler Fichten. Sie zählen jedoch zu den Blechblasinstrumenten, genauso wie die Trompeten. Da sie als Handarbeit nicht gerade preiswert sind, sollte man für ein mittelgutes Instrument um die eintausendfünfhundert Euro rechnen.

Ursprünglich stammten Alphörner aus der Schweiz, denn dort waren sie beliebte Hirtenhörner auf den Bergen. Der tiefe Klang wirkt einfach himmlisch weich und bezaubernd, besonders wenn mehr als zehn Bläser gleichzeitig darauf spielen. Ob wir uns das ungefähr vorstellen können? Oh ja, sogar der kleine Till-Rasmus kann das gut.

„Wieso kennen Sie sich so toll aus mit diesem Instrument, Herr Kranz?“, fragt ein nachdenklicher Bastian ernsthaft.

„Weil es mein großer Musik-Favorit ist“, meint Hubert ebenso ernsthaft und beinahe bescheiden.

„Kannst du drauf spielen, Hubert?“, möchte Till-Rasmus wissen. Das Kränzchen winkt ab. „Das würde ich zu gerne können, doch ganz so einfach ist das nicht, wie ihr es am Freitagabend alle gemerkt habt.“

Der Kleine fasst nach der großen Hand: „Probier mal! Bitte!“ Schon hängen Olga-Oskar an seinen langen Armen. „Oh ja, Hubert! Probieren!!“ Alle Umstehenden klatschen auffordernd, vor allem unsere Mam, bis das Kränzchen sich geschlagen gibt. Er geht an das Mundstück, holt tiiief Luft, einmal, zweimal … Nix! „Noch mal, Hubert!“, fordern die Kleinen, am lautesten Paula. Und beim dritten Versuch kommen wahrhaftig kurze, tiefe Brummtöne am anderen Ende heraus. Wow! Der Hubert schnauft die Luft ein und lacht gleichzeitig über den Applaus, übermütig wie ein Junge nach seinem allerersten Fußballtor.

Wir Kleeblatt dürfen auch unseren Versuch starten. Nur Bastian schafft beim vierten Anlauf einen ziemlich jämmerlichen Klageton. Wir anderen geben nach dem dritten Versuch leicht frustriert auf.

„Verdammt schwerer Sport!“, keucht Ben. „Tennis geht leichter.“ - „Reiten auch“, schnaufen wir.

Und danach winken wir dem Hubertus Kranz hinterher, diesmal nicht die Spur mehr missgünstig oder gar schadenfroh. Aufrichtig wünschen wir ihm nur wenige Staus, obwohl er inzwischen ja eher nicht mehr anti-zyklisch fährt, der unerwartete Alphorn-Spezialist.

„Ach, so übel bist du eigentlich gar nicht, du Frankfurter Kränzchen“, sage ich zu mir selbst. Und Anna nickt ruhig, denn mein Zwilling hat mich genau verstanden.

12. Kapitel: Wo steckt unser Paulchen?

Zu unserem letzten Abend hat Daddy für uns alle Grillen im Freien bestellt. Auf dem urigen Grillplatz hinter den hohen Kiefern neben dem Spielplatz. Mit dem riesigen dunkelbraunen Fichten-Tisch und Bänken aus halben Baumstämmen. Sieht es … äh, ein bisschen nach Gewitter aus?

„Das hat noch keinen Biermann abgeschreckt“, meinen Kay-Konny. „Annemöllers erst recht nicht“, gibt meine Schwester an, guckt mir dabei aber nicht in die Augen. Mir, dem Gewitter-Schisser hoch dreihundert.

„Die dunklen Wolken ziehen weg ins Berchtesgadener Land.“ Svea versucht, mich voller Verständnis abzulenken. „Die wissen, wie zutiefst ich jeden einzelnen Blitz hasse.“ Danke, Svea! Auch wenn mich das nicht wirklich beruhigt. Ihre Prognose scheint zu stimmen. Wir lassen uns die Steaks und leckeren Alphornstein-Salate schmecken und labern reichlich dummes Zeug durcheinander. Wobei das böse Wort ABSCHIED einfach tabu ist, - unausgesprochen. Ziemlich bald verschwindet Svea mit Paula, die sich ihre reichlich kleinen Äuglein reibt und ein paarmal herzhaft gähnt. „Schlaf gut, Paulchen!“, rufen wir ihr hinterher. „Und

träum süß von der Märchenfee“, kichert Anna albern, obwohl ich ihr ansehe: Nee, sie findet das alles hier heute alles andere als witzig.

Keine zehn Minuten später ist Svea zurück. „Sie ist sofort ins Traumland abgetaucht, unsere Kleine.“ Sie lächelt sanft. Ach, Svea, liebe Svea, wie ich dich jetzt schon vermisse! Svea sieht das wohl ähnlich, denn sie guckt mich so sonderbar ruhig an - und zuckt heftig zusammen. Ein greller Blitz! Direkt über der dunklen Tausender-Bergkette im Westen. Kurz danach der noch leise Donner. Ich flüchte in Mams Arme. Wir drei mutigen Gewitterhelden retten uns in die Hotelhalle, während die anderen, unbesorgt scherzend, weiter grillen. Und siehe da: Nach einer kurzen Weile geht Svea todesmutig zu ihnen zurück.

„Äh, sie hat doch auch Gewitterangst?“, murmele ich.

„Sie ist halt tapfer und will auf ihre Männer aufpassen“, flüstert Mam in meine Haare. „Komm, mein mutiger müder Schatz! Verkriech dich auch in dein Bett.“ Nee, nee, beim Donnern kann dein Lena-Schatz nicht einschlafen. Das solltest du hundertpro wissen, Mam. Wir kuscheln uns dicht aneinander in einen der breiten Sessel, recht weit weg von den großen Fenstern, und zählen die Blitze. Bei jedem nun oft überlauten Donnerschlag presse ich mir leise seufzend die zitternden Hände auf beide Ohren.

In einer Sitzgruppe direkt am Fenster erkenne ich die vier Engländer. Höre: „Beatiful, is n´t it, Shirley? - Oh! That ´s so great, Darling! It ´s marvellous in these Mountains!“ Mam seufzt: „Jedem das Seine! Gewitterangst scheint man auf den Britischen Inseln nicht zu kennen. Aber imposant ist das irgendwie schon, wenn jeder helle Blitz diese traumhafte Bergkulisse aufleuchten lässt.“

Beautiful? Great? Imposant? Muss ich das auch finden? Nöö, nicht wirklich! „Gleich ist Schluss da oben, du armes Lenchen“, sagt Mam-Gewitter-Hellsehers Gefühl.

Auch sie liegt richtig damit. Wenige kurze Blitze noch, samt Donner, schon weiter weg inzwischen. Die dunklen Wolken lockern auf für einen strahlenden Sonnenuntergang mit leuchtend buntem Regenbogen quer überm Tal.

Großer Jubel aus vier englischen Kehlen. Fasziniert stehen wir bei den anderen und schauen verzaubert auf diese herrlich schimmernden Farben. Ich kann wieder frei atmen.

„Jeder Regenbogen bringt Glück." Kay blinzelt Marie zu. „An ihrem Ende findest du einen Schatz", erinnert Anna sich an eins unserer ersten Klavierstücke.

„Einen Goldschatz, Kay!" Daddy grinst verschmitzt und freut sich, weil die Marie rote Bäckchen kriegt. Doch ihre Augen funkeln jetzt zornig. Bei ihr bedeutet das allerdings das krasse Gegenteil: Ihr ist mächtig zum Heulen, was sie auf gar keinen Fall zugeben darf. Ob ich ´s dem Kay verrate? Aber wie, ohne die anderen es mitkriegen zu lassen? Ach, Mam, du bist uns allen wieder mal ein großes Rätsel!

„Werden wir jetzt doch noch sentimental?", beschwert Svea sich. „Wir nicht!" Vier Zeigefinger tippen auf vier Zwillingsbäuche. Das könnte unseren Eltern so passen! Egal wie, wir Kleeblatt lassen uns nix anmerken. Obwohl - mir jedenfalls sitzt ein dicker Kloß im Hals, den ich gerade allzu gerne ausspucken möchte.

Daddy entschuldigt sich: „Bin gleich wieder da!" Das Bier wirkt. „Ich muss auch!" Ben spurtet hinter seinem Vater her. Keine fünf Minuten später sind sie mit großen Schritten im Anmarsch. „Svea!", ruft Konny uns entgegen. „Wo steckt unser Paulchen?" Svea guckt überrascht. „Im Bett. Wo sonst?"

„Nix im Bett", tönt Bens helle Stimme.

„Auf ´m Klo", vermuten Bastian und Anna.

„Nix Klo", sagt Daddy. „Auch nix in eurem Bett? Oder bei BB im Zimmer? Sie ist weg, willst du sagen?" Das ist Kay. „Verschwunden?" Das ist Maries Sorgenstimme.

„Ihr spinnt doch alle!“, protestiert Svea energisch. „Sie hat doch geschlafen wie ´s Murmeltierchen, vor nicht mal einer halben Stunde. Wie soll sie da verschwinden, he?“
Mit festen Schritten stampft sie zum Eingang, Mam dicht hinter ihr. Ben bohrt sich verlegen in der Nase, dicht neben seinem Fleck. „Wir beide sind wohl echt blind in der Birne, was, Daddy?“ Ratlos starren wir den zwei Frauen hinterher.
Drei Minuten später laufen die hektisch keuchend auf uns zu. „Wo … wo kann sie sein? Keiner hat sie gesehen.“
Svea japst nach Luft. „Wir - wir müssen sie suchen. Sofort!“ Auch Mam japst nervös und zerwühlt hektisch ihre Haare.
„Und wo fangen wir damit an?“, fragt Kay. Er packt sie an der Hand und zieht sie hinter sich her zum Seiteneingang. „Komm, Marie! Wir finden sie!“

Bastian und Anna verschwinden im Eiltempo zur anderen Seite. „Svea und Lena, ihr bleibt hier und rührt euch nicht vom Fleck, bis ich zurück bin! Klar?“ Mit seinen langen Schritten stürmt Daddy zum Eingang zurück.

„Warum suchen wir nicht?“, frage ich unsicher.

„Wir halten hier die Stellung, Lena.“ Svea zieht mich an sich. Sie heult doch nicht? Ich streiche behutsam über ihre Schulter. „Sie finden Paula“, sage ich leise und fühle, wie mir Tränen in die Augen schießen wollen. Aber dann ist es wie ein Blitz in meinem Hinterkopf. Der Spielplatz!!!

„Ich glaub, ich weiß, wo sie steckt. Komm mit, Svea!“ „Aber …?“ - „Komm schon! Wir sind gleich wieder hier.“ Zögernd schließt Svea sich mir an, folgt mir dann eilig.

Auf dem Spielplatz treffen wir sie: Bastian und Anna. Sie stehen untern Baumhaus, enger als eng umschlungen.

„Aber holla! Das hier nennt ihr suchen?“, staucht Svea sie zornig zusammen.

„Haben wir ja, Svea.“ Anna lächelt sie treuherzig an. „Paula ist da oben.“ Sie zeigt die Leiter aufwärts.

„Kein Joke, Anna?“, knurre ich ihr stinkwütend zu.

Anna seufzt: „Mit Paula machen wir keinen Joke. Sie liegt da und schläft fest. Ehrenwort.“ Bastian nickt stumm dazu. So schnell war ich noch nie eine Baumhausleiter hoch.

Und da liegt unser süßes Paulchen, eingerollt in ein gelbes Badehandtuch, Puppe Thea und den weißgrauen Teddy im Arm, schnarcht leise und lächelt im Schlaf. Jetzt sind es Freudentränen. Bei Svea und bei mir erst recht.

Bastian gibt per Handy Entwarnung an Ben, Daddy und Kay. Alle Mann stehen wir unterm Baumhaus, mega-mega erleichtert und atemlos. Daddy hält Svea fest in seinen Konny-Armen. Kay drückt Marie an sich. Und Bastian die schniefende Anna sowieso. Ben und ich treten verlegen von einem Fuß auf den anderen. Soll ich ihn jetzt umarmen??

Das schlafende Paulchen wiegt gefühlt einen Zentner, stellt Konny fest und trägt seine Tochter wie ein rohes Ei. Ich darf ihnen die Thea-Puppe und den weißgrauen Teddy hinterher tragen. Keiner hat Lust, jetzt schlafen zu gehen nach der Aufregung.

Paula ist nur kurz munter geworden beim zweiten Zubettbringen. Die bösen-bösen Donner haben sie aufgeweckt. Sie, Thea und Teddy haben vor Angst geweint, aber keiner ist gekommen. Zum Hintereingang ist sie raus und in ihre Baumhaus-Höhle gekrochen. Da waren keine Blitze und nur ein bisschen Donner. Teddy und Thea sind eingeschlafen und Paula gleich mit ihnen. Svea und Marie sind ungewohnt ruhig. Mam hat sich zwischen Ben und mich gestellt. Auf Abstand von Kay. Mit Absicht? Der peilt sie mal kurz von der Seite an, versucht aber gar nicht erst, näher an sie ran zu rücken, und starrt die meiste Zeit vor sich hin.

Daddy nippt an seinem Bier und hat Anna und Bastian im Auge. Die zwei scheinen aneinander festzukleben. Jetzt muss ich doch gähnen.

„Ich geh dann mal. Nacht alle zusammen!“, kommt Ben mir zuvor. „Ich auch. Schlaft alle gut.“ Wozu soll ich weiter blöd mit da rumstehen und im Stehen einschlafen? Ins Bett kriechen kann ich auch ohne meinen Zwilling! Die tierisch müden Augen fest zumachen erst recht, Schwester!

Du … du kannst mich mal! Weißt du das?

13. Kapitel:
Wo sind Anna und Bastian?

Natürlich träume ich vom Baumhaus. Aber nicht Paula sitzt da drin, sondern die Lena. Mit grauweißem Teddy in riesengroß. Und der kann sprechen. Wir unterhalten uns, während es draußen wie aus Eimern schüttet und wie Weltuntergang blitzt und wie Erdbeben donnert.

„Du musst dich nicht fürchten, Lena. Ich bin bei dir.“ Teddy hält mich tröstend fest mit seinen kuschelig-dicken Teddypfoten. „Wie lieb du bist“, flüstere ich in das weiche Fell und fühle mich einfach gut, - bis jemand an meinem Ohrläppchen zupft.

„Lass mich schlafen, Anna!“, murmele ich und denke nicht daran, die Augen freiwillig aufzumachen.

„Nee, nicht Anna“, höre ich ein heiseres Flüstern.

Wie - nicht Anna?? Wer sonst?

Ich blinzle nun doch, mit einem Auge. Der neben meinem Bett ist … BEN! Huch, was will DER hier??

„Wo ist Anna?“, will DER wissen. Auch mein zweites Auge geht auf. „ANNA?“ Die Betthälfte neben mir ist leer. Nicht bloß einfach leer. Unbenutzt!!

„Wo ist Anna?“ Das bin diesmal ich.

„Und wo ist Basti?“ Das ist Ben. Auch nicht da, der Basti? „Ich fasse es nicht“, stöhne ich. Ticken die beiden jetzt total aus? Stumm sehen wir uns in die Augen, so gut das geht im dunklen Zimmer. Es reicht, denken wir wohl gleichzeitig. „Ich hab ´n saublödes Gefühl“, fängt Ben wieder an. „Wir müssen sie suchen, Lena.“

Waaas? Mitten in der Nacht? Ich zeige einen Piepvogel. „Klar!“ Ben nickt entschlossen. „Los, Lena, steh auf!“

Nee, echt, ich spinne wohl? Jetzt doch nicht, Ben!

„Doch, Lena! Jetzt! Genau jetzt! Komm endlich!" Meine Bettdecke entschwindet mit einem unnachgiebigen Ruck. „Mal hallo! Wo zum Donnerdrummel willst du suchen?"

Ben lässt sich auf Annas Bett plumpsen. „Stimmt! Die sind alt genug. Können auf sich selber aufpassen."

Grübelnd liegen wir nebeneinander, schweigen uns an und wissen nicht weiter. „Trotzdem, da ist was faul. Oberfaul! Jede Wette!", fängt Ben nach einer Weile wieder an.

Ich war gerade dicht vorm Wegdriften und schrecke hoch. Wir sind beide hellwach und angespannt wie Flitzebogen. „Warte, ich hole fix unsere Taschenlampen." Ben sitzt senkrecht. „Zieh dir was an, Lena! Bis gleich, am Pool!"

Der Fast-Vollmond und die Unmengen glitzernder Sterne tauchen die Berge in ein leichthelles Zauberlicht. Auch ohne die Lampen erkennen wir den düsteren Waldrand.

„Wohin willst du, Ben?" Ich tappe ihm hinterher. Das Gras ist klatschnass vom Gewitter und glänzt im Mondlicht. Meine Turnschuhe mögen das Klatschnasse weniger. Kühl ist mir außerdem, trotz Sweatshirt. Wir sehen uns zuerst auf dem Spielplatz um. Nix! Mit beiden Taschenlampen leuchten wir zum Baumhaus hoch. Leeer! Leerer geht nix!

„Die sind doch nicht zur Höhle?", schießt es mir durch den Kopf. „Höhle? Mensch, Lena, das isses!"

Ben zieht mich hastig mit. Den Eingang zur kleinen Höhle in der Schlucht überm Wildbach haben wir gleich am zweiten Tag entdeckt. Ganz zufällig hat Bastian ihn gefunden. Ein geniales Versteck! Aber mitten in der Nacht?

Ich ringe mir ab: „Da kannste alleine hinlaufen. Wenn sie da wirklich sind, stören wir bloß. Außerdem können sie gefälligst selber zurückkommen. Sind wir denen ihre Babysitter?“ Ben ignoriert meinen Protest stumm.

„Wenn sie vielleicht echt Probleme haben?“, überlegt er schließlich. „Bullshit!“, motze ich ihn an. „Die haben nur das eine, ihr Riesen-Problem, weißte!“

„Okay, Lena-Schisser, geh zurück ins warme Kuschelbettchen und träum schön weiter!!“ Ben setzt sich in Bewegung Richtung Schlucht. Nö, du! Schisser lass ich mich von DIR nicht nennen, Ben! Mit zusammengebissenen Zähnen und einem Wut-Klumpen im Bauch stolpere ich ihm hinterher.

Im Dunkeln zieht der Waldweg sich endlos. Ben knipst seine Lampe an und leuchtet vor uns den Boden aus. Wie anders alles wirkt als am Tag.

„Verdammt! Wir sind verkehrt!“, stöhnt er genervt.

Es dauert gefühlte hundert Jahre, bevor wir den dicht zugewachsenen Höhleneingang wiederfinden zwischen den niedrigen Latschenkiefern. Beim klagenden Schrei einer Eule zucken wir zusammen. Ich packe Bens Arm.

„Das ist die Nachteule“, beruhigt er mich. „Komm schon! Da drinnen sind keine Vampire.“ Das stimmt hundertpro. Vampire nicht. Dafür unsere zwei Vermissten. Liegen da einfach so, blinzeln in den Schein von unseren Lampen.

Sagen erst mal keinen Ton. Staunen uns nur an aus ihren verkniffenen Äuglein.

„Ihr?? Ein Glück!“ Mein Zwilling setzt sich eilig auf. „Wie - ein Glück?“, ranzt Ben die beiden an. Drohend und mordsmäßig sauer.

„Wieso, ihr Vollpfosten?“, kommt mein Echo. „Schlaft fröhlich weiter, ihr saublöden Spinner. Macht sich ja kein Schwein irgendwelche Sorgen um euch Deppen.“

Rückwärts schiebt Ben sich zum Höhleneingang, - äh, jetzt Ausgang. „Hallo, bleibt hier! Bitte!!“ Ist da so etwas wie Panik in Annas Stimme? „Basti ist verletzt.“

Ich fahre erschrocken herum. „Nee, nöch? Schitt!“, schnauft Ben hinter mir. Bastian ist ausgerutscht. Sein rechtes Knie ist dick angeschwollen und glühend heiß.

„Merde! Verflixt!“ Ben leuchtet es ab und betupft es vorsichtig. „Aua! Nicht so fest!“, jammert Bastian ungewohnt wehleidig.

„Und was machen wir jetzt? Mitten in der Nacht?“, frage ich. „Weiterschlafen, was sonst? Autsch! Aua!“ Bastian verdreht die Augen. „Sobald es dämmrig wird, probieren wir ´s mit Zurücklaufen“, schlägt Anna vor.

Tja, anders geht es wohl kaum. Im Dunkeln schon mal überhaupt nicht. Wir kuscheln uns auf dem harten Höhlenboden zusammen, wärmen uns gegenseitig.

Schlafen kann man das ja wohl nicht nennen. Dazu sind wir auch viel zu aufgedreht und durcheinander.

Gegen Morgen kriecht Ben aus der Höhle. „Auf geht `s, Leute. Bevor sie uns von der Bergwacht suchen lassen.“ „Mit Spürhunden, was?“ Bastian versucht zu lästern.

Mit zusammengepressten Lippen schiebt er sich rückwärts ins Freie. Für ihn wird der Rückweg extrem mühsam, obwohl er bewundernswert tapfer ist. Zu dritt stützen wir den Patienten, der immer mal stöhnt und leise vor sich hin flucht. Kurz nach halb sechs erreichen wir, trotz der Morgenkühle durchgeschwitzt, den Hoteleingang. Zum Umfallen geschafft alle vier. Vermisst hat uns noch keiner. Wir atmen gleichzeitig hörbar auf. Glück gehabt, Leute! Marie und Svea sind einigermaßen geschockt bei dieser Zwillingsbeichte. Also bei der von Anna und Bastian eigentlich.

Mich schicken sie in die Küche nach einem Kühl-Akku.

Oder Eisbeutel? Das muss zunächst reichen für diese `harmlose´ Prellung, bestimmt Svea ohne eine Spur von Mitgefühl. Strafe ist Strafe! Danach verfrachten wir den Verletzten noch ins Bett bis zu einem späten Frühstück.

„Ihr Mädels könnt später im Autoschlafen“, sagt Mam energisch. „Erst wird fertig gepackt. Allerspätestens um halb zehn will ich durchstarten. Alles Roger, Annalena?“ Wir nicken gähnend. Tja, reichlich dumm gelaufen unsere letzte Nacht in Tirol!

„Was … ähm … sollte das eigentlich, Anna?“, erkundige ich mich, die Zahnbürste unwillig im Mund hin und her schiebend.

„Na ja, … letzter Abend und so.“ Mein Zwilling nuschelt mit ungewohnt roten Anna-Ohren.

„Warum ausgerechnet in der verdammten Schlucht?“ Ich spüle dreimal nach, spucke betont heftig ins Waschbecken aus. Kann sie gerne wissen, wie megasauer ich bin.

Sie gähnt zweimal, meint dann seelenruhig: „Weil ... Basti wollte unbedingt runter zum Bach. Hatte Riesendurst, vom Grillen nämlich.“ - „Ach nee? Und dann ist er ins Wasser gefallen? Einfach so. Plumps!“

„Denkste! Voll ausgerutscht ist er. Auf diesen elend glitschigen Steinen. Direkt mit dem Knie draufgeknallt. Hab ihn eben noch am Ärmel erwischt. Hätte fast einen perfekten Bauchklatscher hingelegt. Filmreif, sag ich dir.“ Sie kichert vergnügt, meine bekloppte Schwester. Kann die nix ernst nehmen? Doch ich lasse mich anstecken. Mit dem Kichern natürlich nur. „Filmreif? Hihi!“, pruste ich los. „Du, warum hast du mich nicht angerufen?“ Anna zeigt auf den Tisch. Ihr einsames Smartphone scheint mich frech anzugrinsen. „Handy ist, wenn ´s zu Hause dumm rumliegt“, spotte ich. „Und wo hatte Basti seins?“ - „Das hatte er Ben gegeben. Vorher beim Grillen, wie er noch ´ne Runde schwimmen war." Kompliment! Perfektes Timing, ihr beiden Kekse!

Über so geballte Blödheit kann man sich nicht mal mehr wundern! „Ihr seid mir zwei mordsgeniale Deppen", muss ich jetzt dringend loswerden.

„Stimmt!" Mein Zwilling grinst. Verlegen?? Oh, das hat Seltenheitswert bei unserer Anna. „Bist ganz hübsch verknallt, Schwesterlein", bringe ich es auf den Punkt.

„Neidisch?" Sie kann schon wieder rotzfrech gucken.

Rucki-zucki geht das bei ihr. „Und sogar tierisch, wenn du´s genau wissen willst." Da kann ich halt nur unverschämt nett zurück grinsen. Wir geben uns zweimal High Fives.

„Bist einfach die Beste, Lena." Anna legt die Arme um mich. „Frieden?" - „Frieden!" Ich drücke sie zwillingsfest. Na also! Geht doch, geliebte Schwester!

MARIE: „Was hat Anna sich eigentlich gedacht bei ihrer albernen Aktion am späten Abend?"

IHR QUENGELCHEN: „Gedacht? Nichts hat sie gedacht, nehme ich an. LETZTER ABEND hieß es, das magische Zauberwort."

MARIE: „Aber das ist noch lange kein Grund, einfach zu verschwinden. Das ging wirklich zu weit!"

I.QU.: „Du siehst doch, für sie war es einer. Kennst du deine Tochter wirklich so schlecht?"

MARIE: „Aber was hätte sonst noch passieren können! Mitten in der Nacht in dieser gefährlichen Schlucht!"

I.QU.: „Reg dich mal ab, Marie. Anna ist ja gar nichts passiert außer einer hübschen Portion Extra-Schrecken."

MARIE: „Ich hoffe, das wird diesem Teufelsbraten mal eine SAFTIGE Lehre sein."

I.QU.: „Vielleicht? Vielleicht auch nicht? Mal ehrlich, hast du nicht früher auch mal Bockmist gebaut? Oder durften sich deine Eltern niemals Sorgen um ihre brave Tochter machen?"

MARIE: „Na ja, auf solchen dusseligen Leichtsinn wäre ich ganz sicher niemals gekommen."

I.QU.: „Dann lass wenigstens deine Anna ihre eigenen Fehler machen."

MARIE: „Du meinst, sie muss lernen, die Konsequenzen für ihr unüberlegtes Handeln selber zu tragen?"

I.QU.: „Bingo! Du hast mich genau verstanden, du liebe Mutter. Ach, liebe Marie, ich kann dir nur Drahtseilnerven wünschen mit deinen putzmunteren, heftig pubertierenden Mädchen im Doppelpack. Die wirst du nämlich noch eine ganze Weile brauchen."

MARIE: „Das sind ja fantastische Aussichten! Danke! Gut zu wissen, mein Quengelchen."

14. Kapitel: Wer is'n DIE da?

Beim Frühstück dürfen wir uns dann doch Zeit lassen. Hetzen wollen wir nicht. Wir machen es wie Hubert. Erst die Frühfahrer durchlassen, Staumeldungen abfragen. Wann wir in Göttingen ankommen, spielt keine wichtige Rolle.

„Lasst es euch noch mal so richtig schmecken von diesem köstlichen Morgenbuffet“, meint Daddy auf seinem Weg zum Schinkenrührei. „Stimmt, Konny.“ Mam schmunzelt. „Unterwegs gibt es bei uns nur Mini-Pippi-Pausen.“

Anna schaut enttäuscht: „Keine Raststätte mit Spagetti?“ „Die koche ich euch zu Hause. Versprochen, Annalena.“ Anna trampelt mir auf den Fuß. Autsch! „Pssst!!“ Sie deutet hastig zum Biermann-Tisch. Aber hallo! Wer ist DAS denn?

„Die müssen wir nicht kennen?“, flüstere ich und mache ähnliche Stielaugen wie mein zu Eis erstarrter Zwilling.

Lange, sehr hellblonde Haare, kurzes, sehr buntes Sommerkleid - und lässt sich hineinfallen in Zwillingsarme. Die von Daddy? „Neeee, du. Der Kay ist das, guck doch!“ Anna kriegt ihre roten Aufregungsflecken am Hals. Hey, ist das seine FREUNDIN??? Ich glaub ´s ja einfach nicht. Dieser Mistkerl!!! Und jetzt knutscht DIE sogar Zwilling zwei, drückt danach Svea und nimmt Paula auf den Arm. Unsere Mutter guckt forschend: in unsere verdatterten Gesichter, danach auf Annas leuchtende Halsflecken. „Stimmt was nicht, Annalena?“ Mam guckt noch mal und noch forschender auf Annas gefleckten Hals. STOP!!! Dreh dich nicht um, Marie, bitte! Ich flehe lautlos. Schon passiert!

Kein Wunder, wenn wir beide übertrieben hektisch an ihr vorbeistarren wie zu einer FATA MORGANA.

Ihre Miene scheint zum Eis-Berg zu werden. Langsam, - wie in Trance, - dreht sie sich wieder uns zu, lässt ihr angebissenes halbes Körnerbrötchen und ihren Lieblings-Camembert auf dem Teller, schiebt den Stuhl zurück und stolziert mit hocherhobenem Kopf zum Ausgang. Ohne einen zweiten Blick zum Biermann-Tisch. Nur ihr Rücken strahlt Wut hoch zehntausend aus. Alle Biermänner sind viel zu beschäftigt mit ihrem freudestrahlenden Besuch, um sie zu bemerken. Wir schauen uns an und fühlen uns absolut Scheiße. Sorry, aber anders ist das jetzt nicht auszudrücken. Erst nach einer gefühlt sehr langen Weile kommt Ben an unseren Tisch. Suchend guckt er sich um. Guckt zur Tür. „Wo ist Marie hin?"

„Auf ´s Klo", antworten wir eisig. „Ihr ist eben was auf den Magen geschlagen, glaub ich", setzt Anna bissig hinterher. „Abschiedsschmerz?" Ben grinst uns schief und nur eine winzige Spur traurig in unsere fassungslosen Gesichter.

„Eher das Gegenteil", sage ich und schlucke schwer am Rest Räucherschinken.

„Ben! Du! Wer is ´n DIE da?" Annas Zeigefinger würde `DIE da´ am liebsten aufspießen und zappeln lassen.

„Kommt mit Hallo sagen zu Karla", fordert Ben uns auf. „K-A-R-L-A?" Wir ziehen diesen Namen wie dünnes Gummiband. „Die … VERLOBTE?", platzt Anna raus.

„Die WAAAS??" Ben stutzt. „Von WEM bitte?"

Na, Junge, von wem schon! „Von KAY. Logisch!", setzt Anna noch was Peinliches obendrauf.

Ben verzieht die Mundwinkel, bis es nicht höher geht. „Zweihundertzehn extra Anna-Punkte! Los, kommt schon,

Annalena!“ Wir folgen ihm wie Marionetten. Leider keine mit Lachgesichtern. Dafür mit durchhängenden Schultern und bleischweren Füßen.

„Stimmt was nicht, Annalena?“ Diesmal will das die Svea wissen. „Abschiedsschmerz?“, vermutet jetzt auch Bastian, ohne sein übliches süßes Morgen-Grinsen. „Schön wär ´s!“, pressen wir raus und funkeln die blonde Schönheit an. Warum lacht Konny plötzlich? Oder ist das etwa der Mistkerl?? Jetzt lacht er lauter und röhrt los wie ein Hirsch. Zwilling zwei scheint zu begreifen, denn er röhrt mit als Hirsch zwei. „Wieso lacht ihr so laut?“ Paula guckt zwischen uns und ihrem Daddy hin und her.

Bei Bastian fällt der Groschen. „Weil DIE denken, … dass IHR denkt …“ Er hält sich den Bauch vor Lachen.

Die Blonde guckt Svea fragend an. „Ach so“, kichert die. „Ihr denkt, dass wir denken, ihr müsstet wissen:

Karla ist NICHT Kays Freundin.“

Upps? „Ist … sie … NICHT?“ Anna stottert hilflos.

„WER ist sie also wirklich?“, helfe ich ihr eilig weiter.

Unsere Gesichter sollen bühnenreif gewesen sein, verraten BB uns hinterher als den Grund für noch lauteres Lachen aller Biermanns. Weil nämlich diese KAY-FREUNDIN zur Biermann-Family gehört. Die kleine SCHWESTER ist sie. Nein, nicht von Svea. Von Kay-Konny. Jetzt halten auch wir uns die Bäuche vor Lachen, bevor wir uns von der Karla herzlich in die Arme nehmen lassen, beide gleichzeitig.

„Wo geht Anna hin?“ Ich merke erst, wie sie sich absetzt, als sie aus der Tür ist. „Auf ´s Pippi-Klo! Vor lauter Lachen“, meint Paula ernsthaft. Nein, nix mit Pippi-Klo. Anna ist ganz schnell wieder zurück, um uns zu berichten, wie dringend sie die stinkwütende Marie aufklären musste.

„Noch viiiel wichtiger als Pippi machen, in der Tat“, stellt Bastian sachlich fest, und wir nicken erleichtert.

Unsere Mam hockte nämlich, bis zum Platzen gefrustet, bei den gepackten Koffern, ein fast leeres Päckchen Taschentücher neben sich. Uff! Der liebe unschuldige Kay strahlt wie ein Schulbub, wenn ´s Ferien gibt. Er zögert. „Mensch, mach schon, Onkel!“ Bastian gibt ihm einen aufmunternden Anschubser.

„Nee, nee. Lieber nicht!“, bremst Anna die beiden. „Jede Wette, sie taucht jeden Moment von selber auf.“

Anna hat wie meistens Recht. Mit auffallend rötlichen Augen geht unsere Mutter langsam auf den Biermann-Tisch zu, streckt abwartend der Karla die rechte Hand entgegen. Die kleine Schwester greift forsch danach und zieht Marie in die Arme. „Hi, Marie! Ich bin Karla. Die Nummer drei von diesen zwei bösen Knaben.“ Sie hat ein offenes, ansteckendes Lachen. Logisch, ist halt direkt verwandt mit most charming Kay und soo nice Konny-Darling.

Maries eben noch verkniffenes Gesicht leuchtet auf.

Ach, liebstes Mütterlein, wer hätte das geahnt? Ist doch nicht womöglich so was wie Liebe?? Ich sehe es meiner Schwester an: Sie denkt dasselbe jetzt auch.

Oh, Anna, bitte sag das jetzt nicht laut!!! Sie scheint zu kapieren, presst die Lippen fest zusammen. Ich boxe sie erleichtert und zwinkere BB und Svea zu.

Zwillingsplan B kann beginnen.

MARIE: „Oh je, war mir das eben peinlich. Am liebsten wäre ich irgendwo ganz tief im Erdboden versunken. Woher sollte ich DAS denn wissen von ihrer jüngeren Schwester?“

IHR QUENGELCHEN: „Ich fand es eher witzig.

Du hättest dich sehen müssen, wie stinkwütend du dein Frühstück stehenlassen hast. Filmreifer Abgang!"

MARIE: „So schlimm? Das haben doch hoffentlich nur Annalena gemerkt?"

I.QU.: „Davon gehe ich mal aus. Die beiden waren ja genauso durcheinander bei dieser unerwarteten Biermann-Familienszene."

MARIE: „Sie haben Karla tatsächlich für Kays Freundin gehalten?"

I.QU.: „Natürlich. Du ja genauso! Wenn Zwillings-Blicke töten könnten, wäre das ahnungslose Schwesterlein sofort hinüber gewesen."

MARIE: „Aber warum waren sie so sauer? Ich mache mir doch gar nichts aus Kay. Das sollten sie doch inzwischen gemerkt haben."

I.QU.: „Jaja, das war dir mitten ins Gesicht geschrieben, Marie. Ich sage mal lieber nur: Rote Augen ..."

MARIE: „PUH! Wie selten dämlich bin ich nur? Was denken sich jetzt die Biermanns? Vor allem der Kay?"

I.QU.: „Eifersucht ist eine Leidenschaft, die ..."

MARIE: „Das musste ja kommen. Ihr glaubt doch alle nicht im Ernst, ich wäre eifersüchtig?"

I.QU.: „Karla glaubt es auf jeden Fall. Sie als Einzige hat sich über deine Reaktion nicht lustig gemacht, würde ich behaupten."

MARIE: „Und Kay? Hat ... der mich etwa auch ausgelacht??"

I.QU.: „Wer kann schon reingucken in eine arme verzweifelte Männerseele?"

MARIE: „Kannst du heute wieder nix, als deine albernen Sprüche kloppen?"

I.QU.: „Pardon! Ich stelle lediglich nackte Tatsachen fest. Kannst du die nicht vertragen?"

MARIE: „NEIN!!"

15. Kapitel: Tote Hose an PC und Smartphone?

Wegen Karla reißen wir uns alle irgendwie zusammen, jeder auf seine Art. Nur das Paulchen heult plötzlich los, als wir drei Annemöllers nach hunderttausend Umarmungen endlich im Auto sitzen. „Ihr sollt dableiben, Annalena! Thea und Teddy sagen das auch“, schluchzt sie.

„Bald kommen Annalena zu uns an den Rhein, Schätzchen“, versucht Svea vergeblich, sie zu trösten.

„Kommt Marie auch?“ - „Unsere Mam muss wieder in die Uni. Immer, sogar wenn wir Ferien haben“, seufzen wir.

„Der Papi muss auch arbeiten.“ Paula wischt sich die Tränchen von der Nase.

Kay hält sich im Hintergrund. Täte ich an seiner Stelle auch. Bei Maries ernstem, verschlossenen Gesicht.

Sie guckt, als wäre sie gar nicht anwesend. Noch kurz `Winke-Winke´, auch von Julia und Olivia, die große blütenweiße Handtücher schwenken.

Gerade kommen die vier ulkigen Engländer aus dem Hotel. „Oh, you have to go now? What a pity! It was ever so nice to meet all you pretty twins. We hope so much, we will see you next summer. Here in Alphorn-Stone.“

Wir rufen ihnen kichernd zu: „Bye-bye! Have an nice time in wonderful Tirol!“ Die vier würden wir hier gerne mal wiedertreffen. In St. Johann perhaps? Next springtime? Schon rollt unser Auto auf die Einfahrt zu.

„Gemein, die Biermänner bleiben noch zwei volle Tage“, grummelt mein Zwilling und verrenkt sich den Hals, bis sie ihren Basti nicht mehr erkennen kann. Unsere Mam sagt keinen Piep. Sie guckt nicht mal mehr in den Rückspiegel. Bloß stur geradeaus. Mindestens die nächste halbe Stunde. Anna beißt sich fest auf die Lippen. NICHTS sagen, bitte! Und keine Tränen! Guck auch einfach nur geradeaus, liebstes Schwesterlein. Wir haben längst die Grenze zur BRD hinter uns, da fängt Anna plötzlich an zu singen. Unseren Erfolgs-Song vom bunten Freitagabend.

Ganz leise, eher gesummt zuerst. Guck weiter geradeaus, Anna-Schwester! Sonst kriege jetzt womöglich ICH das große Heulen.

In Mams Gesicht zuckt es, als wir beide immer lauter singen. Endlich ist die Maske auf dem Fahrersitz wieder unsere gewohnte Mam. Zu dritt klingt unser Song einfach klasse. Mam fängt an zu lachen. „Ach, Mam“, seufzen wir. „Unsere arme liebste Mam!“

Ist das ihr Stichwort? Sie holt tief Luft und platzt raus: „Ach, Annalena, meine Schätzchen! War das nicht ein Urlaub vom Allerfeinsten? Mit so tollen Leuten rundherum, dass man es kaum glauben kann.“

Wir trauen unseren Ohren nicht. Weiter, Mam, was kommt jetzt? „Und wem verdanken wir diesen spontanen Urlaub?“ Tja, WIR mal wieder, deine tollen Annalena! Wir klopfen uns gegenseitig glücklich auf die Schulter und machen das Siegerzeichen.

„Wie ich mich freue, weil Svea euch eingeladen hat“, sagt Mam. Na logo, und wir erst! Wir blinzeln uns zu. Ach, geliebte Mutter. Vorher hast du vielleicht noch einen Grund zum Freuen? Synchron wandern unsere Hände auf den Mund. Schweigen ist Gold, Annalena!

„Bald hast du Geburtstag, Marie“, meint Anna. Ich kneife sie drohend. „Is ja gut!“, nuschelt sie erschrocken.

Mam schiebt unsere Lieblings-CD ein. Wir sagen keinen Mucks mehr, bis ich dringend ein Klo brauche. Danach fallen mir die Augen zu. Wir fahren an Kassel vorbei, als Annas Kopf auf mich rutscht und ich ein Auge aufmache. An der Ausfahrt GÖTTINGEN wird sie wach, reibt ihre Nase und flüstert: „Rate mal, von wem ich geträumt habe."

Na, von WEM wohl? Falsch, Lena!

Von Paulchen, Till-Rasmus und Olga-Oskar, die mit Olivia in der Sandkiste saßen und Kuchen für die Julia gebacken haben. Soll ich ihr verraten, worum es in meinem Traum ging? Ich erinnere mich vage an Kay und Hubert beim Tennismatch und beim Tauchen im Pool. Sie wollten mit mir um die Wette durchs ganze Becken tauchen. Ich war klarer Sieger, bis Mam neben mir auftauchte, um erst den Kay und danach den Hubert kräftig abzuknutschen. Ich schluckte vor Schreck einen halben Liter Wasser und wollte um Hilfe schreien ... Ach, nee, Schwester, den Unsinn behalte ich mal für mich.

Ganz eilig hat uns der Göttinger Alltag wieder in seinem festen Griff. Unsere Mutter taucht fixer als fix bis über beide Ohren in ihren Uni-Bücher-Betrieb ab. Uns hat die Schule zurück, hurra! Aber an den Wochenenden, beim gemütlichen Frühstück und manchmal beim Abendessen, falls Mam nicht zu kaputt ist, schwärmen wir drei ausgiebig von Tirol. Was sie allerdings nicht ahnt:

Jeden Nachmittag mailen wir, skypen, schicken jede Menge SMS an den Rhein. BB und Svea wollen wissen:

Hat Marie sich bei Kay gemeldet? Oder der Kay sich eventuell bei uns? Oder Marie womöglich beim Hubertus Kränzchen in Frankfurt? Wissen wir nicht, müssen wir zugeben. Mam ausfragen? Kommt nicht in Frage. Zu auffällig! Zu Hause scheint da jedenfalls nix zu laufen. Das würde mit Sicherheit mein pfiffiger Zwilling spitzkriegen mit ihren übergroßen Ohren und wachsamen Anna-Augen. Und im Uni-Bücher-Trubel ist wohl eher für so was Privates wenig oder gar keine Gelegenheit.

„Heißt das im Klartext?", vermuten BB. „Aus! Vorbei! Finito? Auf ganzer Linie?" Kann man so sehen, geben wir enttäuscht zu. „Umso besser, Annalena!", finden die beiden.

Inzwischen hat Svea die Karten für den Zoo bestellt. Anfang der nächsten Woche schickt sie unsere drei nach Göttingen los. „Augen auf, Annalena, wenn ein gelber Umschlag im Kasten steckt."

Seit zweieinhalb Wochen sind wir zurück aus Tirol, als Anna spät noch unbedingt was trinken muss. Und ich muss danach direkt noch mal hellwach werden. Für das, was sie in der Küche belauscht hat. Unsere Mam telefoniert. So spät noch? Mit Kay? Hoffnungsvoll reibe ich meine Augen wieder munter. „Schön wär 's ja!" Anna funkelt mich zornig an. „Hörte sich eher kränzchenmäßig an."

Ich schlucke an meiner Spucke. „Sicher?" - „Ziemlich!", knurrt mein Zwilling. „Fuck hoch hunderttausend!"

Nööö, den KAY ruft sie garantiert nicht an. Und der meldet sich kaum von alleine nach dem eisgekühlten Abschied vorm Hotel. Muss man verstehen. Würden wir nicht anders machen. Hat einer wie Kay-Cool das nötig, der doofen Marie nachzulaufen???

Anna schüttelt traurig den Kopf. „Wie blöd kann eine halbwegs erwachsene Mutter sein, Lena?"

„So blöd wie unsere", seufze ich und bin voll sauer wegen so viel Sturheit unter angeblich sooo klugen Erwachsenen.

Das sind BB auch, denn wir erzählen ihnen das. Logisch. Ist ja voll wichtig für unsere gesamte Kay-Marie-Planung. „Doppelt Scheiß auf Hubert, den eigentlich ganz netten!“ BB ziehen uns ihre Wut-Fratzen rüber. Wir strecken unsere Zungen weit raus. Sveas lachendes Gesicht taucht hinter den Jungenköpfen auf. „Heute Mittag habe ich den Brief zur Post gebracht, Annalena. Übermorgen ist er bestimmt bei euch. Sagt gleich Bescheid.“

Wir bedanken uns herzlich mit unseren Annalena-Strahlegesichtern. „Svea, du“, beginnt Anna. „Fragst du mal euren Daddy aus wegen Kay. Also ob er unsere Mam anmailt. Seinem Zwilling sagt er das doch vielleicht?“

Svea lächelt weise: „Ich will sehen, ob ich was rauskriegen kann, Annalena. Macht euch nicht zu viele Gedanken um ungelegte Eier, ihr beiden.“ Machen wir uns aber, weil Daddy von Kay absolut null erfährt. Sagt er wenigstens.

„So rum klappt ´s nicht und andersrum erst recht nicht“, schimpft Anna ärgerlich. „Buchstäblich tote Hose zwischen Hannover und Göttingen. Noch mal Doppel-Fuck!“

Oder … womöglich etwa auch nicht? Tote Hose bedeutet: Überraschungseffekt umso größer. Wir fallen uns in die Arme. Wie viele endlose Tage noch bis zu Mams Geburtstag? „Manno, sind Erwachsene schwerfällig“, stöhnt Anna. „Nix kriegen sie auf die Reihe!“, stöhne ich. Jedenfalls auf zwei saudumme Gesichter freuen vier Zwillinge sich diebisch, liebe Mutter. Beim, ach, rein gaaanz zufälligen Biermann-Annemöller-Treffen am Tag nach deinem Geburtstag. Vorm Elefantengehege!

Natürlich mit den unschuldigsten Gesichtern der Welt überreichen wir am 3. September unserer Geburtstags-Marie den gelben Umschlag. Adresse und Absender sorgfältig überklebt mit Blumenbildern und Tierstickern. Unsere ahnungslose Mutter ist völlig überrumpelt.

„So eine tolle Überraschung, Annalena! Danke!“, strahlt sie von mir zu Anna und zurück. Wie bei sechs Richtigen im Lotto strahlt sie. „Sagt mal, wo habt ihr diese Karten denn bloß hergezaubert, ihr Goldschätzchen?“

Erst jetzt bemerkt sie das Datum. „Hallo, das ist ja schon gleich morgen!“ Ist ihr Fragezeichen-Gesicht echt? Sie ahnt doch nix? Nee, jede Wette ahnt sie nix, meint Anna später. „Och, Mam, wir dachten, wir machen mal was Lustiges zusammen an deinem Geburtstag“, sage ich schnell, ohne deutlich rot zu werden. „Was uns allen Spaß macht“, setzt Anna hintendran. „Ihr seid so lieb, Annalena.“

Mutterarme drücken uns gleichzeitig. „Habt ihr die Karten alleine bestellt?“ Sie lässt nicht locker. Darin ist sie einsame Spitze.

„Logo! Via Internet.“ Anna kann wunderbar schwindeln. Ohne überhaupt rot zu werden. Darum habe ich sie schon immer beneidet, meine unerschrockene Lügenschwester.

Als Mam noch einmal auf ihre hartnäckige Mutterart weiterbohren will, legen wir die Zeigefinger entschieden auf die Lippen. „Geburtstagsgeheimnis, Mütterlein!“

„Dann lasst ihr zwei euch ganz sehr für eure gelungene Überraschung danken, meine Zwillinge. Ich freue mich riesig auf morgen, meine tollen Annalena.“

Und deine Zwillinge erst, liebste Marie!! Anna schlägt die Augen nieder wie Unschuld vom Lande. Ich nicke bloß stumm, ehe ich mich verplappere, und zaubere ein fröhliches Lachen in meine Mundwinkel.

Abends rufen die Biermänner an zu einem ausgiebigen Skype-Geburtstags-Palaver. Bei dem sich ausgerechnet Ben um ein Haar verplappert und einen deutlichen Rippenstoß von Bastian einfängt. Wie durch ein Wunder hat Neugier-Paula nicht die Spur mitgekriegt. Als Mam stolz vom Geschenk ihrer Annalena berichtet, meint die Kleine traurig: „Zoo? Och, Mamilein, wann fahren wir da mal hin?“

Wir kneifen uns, damit wir nicht losprusten.

„Das ist für uns zu weit, Paulchen“, sagt Svea, ohne mit der Wimper zu zucken. „Freu dich einfach auf Annalena in drei Wochen.“

Sie wünscht uns noch einen vergnügten Geburtstagsabend mit netten Freunden und verspricht, mit uns anzustoßen. Netten Freunden? Hahaha!! So was hat unsere Mutter leider nicht zu bieten, möchte ich ihr rüberschicken, schlucke es hastig runter, weil Anna mich finster anguckt.

Gegen 21 Uhr ruft Frankfurt an. Marie scheint sich ehrlich zu freuen. Jedenfalls schwatzen sie fast eine halbe Stunde angeregt. Danach kommt sie reichlich aufgekratzt in die Küche. Wir machen einen auf vertieft in unser Kartenspiel und denken nicht im Traum dran zu fragen. Wozu auch?

Sie schnallt nix, richtet uns sogar ganz liebe Grüße aus. Von wem? Ach so, vom Hubert. Danke, murmeln wir nur. Mehr ist nicht drin. „Ihm geht es gut. Er denkt oft an Tirol“, schwärmt Mam. Aha! Soso! Na dann! Themawechsel. Erstaunter Mutterblick. Schweigen. Anna gibt sich einen Ruck. Honigsüß smiled sie unsere Mutter an: „Ja, dein so netter Wanderkamerad. Kommt er uns denn mal besuchen, der Hubertus?“ - „Besuchen? Wieso? Eher nicht.“ Mam antwortet ausweichend. So toll scheint sie das Kränzchen `eher nicht´ zu finden. Unsere erleichterten Gesichter scheint sie `eher nicht´ zu bemerken.

Unter der Bettdecke schickt Anna noch eine kurze SMS an BB: „Bitte Kay an Maries Geburtstag erinnern! Für kurze Glückwunsch-Mail nach Gö??“ Kommt leider keine, oder? Mam würde sich darüber beim Frühstück auslassen, jede Wette. Oder nicht?? Was wir allerdings nicht ahnen:

Mittags im Büro muss schon eine solche Mail gekommen sein. Vor allem BB und Konny amüsieren sich später köstlich über unsere verdutzten Annalena-Mienen. Aber nein! Alles mal hübsch der Reihe nach!

16. Kapitel:
Treffpunkt Elefantengehege!!

Am 4. September stehen wir speziell früh auf der Matte. Schon kurz nach fünf kann ich nicht mehr schlafen und muss dringend meine leise schnarchende Schwester wecken. Die ist ungewohnt fix im Bad verschwunden. Heute braucht sie keinen Wecker, unsere eine Hauptperson. Heute sind wir ihr Wecker, obwohl wir sie sonst am Wochenende immer fast so lange schlafen lassen wie sie braucht.

Vierzig Minuten vor der verabredeten Zeit bummeln wir durch den Eingang vom Zoo. Schauen uns mit gespieltem Interesse die rosa Flamingos auf ihrem einen Bein an, gucken auf der Info-Tafel nach den Löwen. Oho, zu den grauen Elefanten, Oh, ja, dahin möchten wir unbedingt. Törröööhh!! Zuerst? Oh, ja gerne. „Gut, in diese Richtung also, Annalena! Ihr dürft bestimmen, welche Tiere ihr sehen möchtet."

„Nee-nee! Geburtstag hast DU!", stellt Anna klar. „DU entscheidest, Mam." - „Und eure Mutter hat zufällig auch zuerst Lust auf die Törröööh-Elefanten." Schon marschiert Mam los. Wir grinsend und mega-zappelig hinterher. „Komm mal wieder runter, Lena", murmelt mein Zwilling. „Selber!"", kriegt sie mit meinem schrägen Grinsen zurück.

„Da vorne sind sie!" Mam ist ganz vertieft in den Anblick der gewaltigen Dickhäuter.

Wir drei vergnügten Annamöllers stehen so da und gucken bewundernd zu bei der Fütterung dieser grauen Riesen. „Wie behutsam solcher Koloss von seinem Wärter den Apfel entgegennimmt", sagt Mam gerade, - da tupft ihr jemand – und zwar besonders behutsam - auf den Rücken.

„Happy birthday, liebe Mariehiie!“, ertönt es. Fünfstimmig. Langsam dreht diese Marie sich um, ungläubig, mit offenem Mund. Zuerst lässt sie sich von einer strahlenden Svea umarmen. „Alles Gute noch mal live, du liebe Marie!“ Daddy drückt sie an seine Brust. Er hält ihr eine vollaufgeblühte hellrote Rose hin. Leicht verlegen?

„Oh, - das gibt ´s doch nicht!“ Unsere Mam wird feuerrot. „Das … ist jetzt kein … Zufall, oder?“, stottert sie und zieht Paula und danach BB liebevoll an sich.

„Nein, nur ein klitzekleiner Biermann-Zufall“, kichern wir Kleeblatt los. Unsere Mutter dreht sich zu ihren eigenen Zwillingen um. „Ihr zwei habt es gewusst, ihr Schlingel!“ Dabei leuchtet ihr Gesicht wie die helle Vormittagssonne.

„Wie kommst du darauf, Mam?“ Wir fragen Annalenasynchron. „Ach so!“ Der Muttergroschen fällt im Zeitraffer. „Svea? Ich glaub ´s ja nicht! DU hast die Zoo-Karten …?“

„Doppel-Bingo! Volltreffer!“, kommt es von BB.

Paula schaut verwundert von einem zum anderen.

„Wieso? Was ist Volltreffer, Annalena? Warum?“

„Weil, weißt du, Paulchen, wir haben nämlich mitten rein ins Schwarze getroffen!“ Svea drückt Marie kräftig.

„Mittenmitten rein, glaub ich“, sagt Anna hochzufrieden.

„Ihr seid einfach genial!“ Mam ist überwältigt von so viel Einsatz für ihren Geburtstag. Das ist sie halt nicht gewohnt. „So eine Wahnsinns- Geburtstagsüberraschung hätte ich mir im Traum nicht einfallen lassen.“ Sie sieht sich um.

„Suchst du was, Marie?“, fragt Daddy einfach so.

„Oder vielleicht wen??“ Benbasti setzen ihr süßestes Unschuldsgrinsen auf.

„Äh, nein. Weshalb?“ Marie guckt sie verwirrt an. „Vielleicht den Zwilling?“, hilft Svea nach.

„Äh, … Zwilling?“ Tut Mam jetzt so oder kapiert sie heute extrem langsam.

„Den Kay-Zwilling vielleicht?“, helfen wir nach.

„Ach so, den Kay meint ihr. Wie geht es ihm denn, dem Kay? Wo in der Welt treibt er sich denn gerade herum?“ Daddy fasst sie an den Schultern. „Hier! In diesem Zoo.“

„WAAS? Er ist in HANNOVER?“, fragen wir Annalena, betont erstaunt und unschuldig natürlich.

„Und wie!“ Svea verbeißt sich das Lachen. „Da kommt er gerade.“ Unsere Mutter zuckt zusammen - und strafft sofort die Schultern. Langsam schlendert Kay auf uns zu, schaut eher neutral auf uns Göttinger.

Bis das Paulchen auf ihn zustürzt, mit ihrem lautesten Paula-Kreischen: „Wo bist du so lange gewesen, Daddy?“ Schon wird sie von zwei starken Armen aufgefangen und herumgewirbelt. Upps! Was ist DAS jetzt? Kay?? Daddy?? BB liegen sich in den Armen vor Lachen über drei perplexe Göttinger Gesichter. Okay, eigentlich ja bloß über das eine.

„DU … bist der KAY?“ Mam macht einen hastigen Schritt rückwärts, weg von dem Mann, den sie eben noch für Konny halten musste. Ihre Mundwinkel zucken. Lachen? Weinen? Freudentränen? Vier kräftige Arme packen sie, bevor sie sich wehren kann. Wir lachen Kullertränen, bis auf Paula. Die rafft nämlich gar nix. Und unsere Mutter? Tja, die befreit sich energisch von den kräftigen Armen und schnauft: „Typisch für euch verrückte Biermänner! Hätte ich mir ja denken können. Wo ihr auftaucht, ist Chaos pur.“

„Aber schönes Chaos, gell??“ kichert Svea und hakt Marie unter. Wie soll Mam da widersprechen! Dabei bin ich nicht sicher, was sie jetzt am liebsten spontan täte: Kehrt machen? Weglaufen? Sich das allertiefste Maulwurfsloch suchen?

Abends bei der Heimfahrt bohrt Anna: „Mal ehrlich, Mam, hast du dich denn kein bisschen gewundert?“

„Gewundert?“ Jetzt wundert sich unsere Mutter doch. „Worüber, Annalena?“

„Na ja, weil da plötzlich die ganze Biermann-Family hinter uns stand? Kam dir das nicht, na ja, halt irgendwie seltsam vor. So ein Wahnsinns-Zufall!“

„Nein! Wieso?“ Unsere Mam guckt bierernst in den Rückspiegel. „War es nicht schon ein besonders netter Wahnsinns-Zufall, dass wir diese genialen Biermanns im Alphornstein getroffen haben?“

Ich muss genauer nachhaken: „Was hast du gedacht, Mam? Wie sie da auf einmal hinter uns standen, meine ich?“ „Oh, ich fand es umwerfend. Wer hätte damit gerechnet? Ausgerechnet bei den Elefanten!“ Unsere Fahrerin verzieht immer noch keinen Mundwinkel. Schaut hochkonzentriert auf die volle Autobahn vor uns.

Wir sind noch stundenlang durch den Zoo gebummelt, waren Riesenportionen Eis essen. Superstimmung bei Superwetter, fast wie in Tirol. Kay und Konny haben sich zugezwinkert. Svea hat vor sich hin gelächelt. Kay und Marie haben sich auch immer mal angeblinzelt. Aber von wegen Händchenhalten, schnelles Küsschen und so … Nix!! Absolut nullkommanull! Das erledigen dafür Anna und Bastian umso gründlicher.

„Alberne Sturköppe!“, flüstert Ben mir zu. „Und wir proben den totalen Zwergen-Aufstand. Da läuft nix bei denen. Absolut gar nix, oder?“

„Nöö, glaub ich eher auch nicht. Ist halt deren Problem.“ Ich fühle mich ziemlich dämlich. „Das Affentheater hätten wir uns jedenfalls sparen können, Ben.“ Sieht er genauso. Wir Kleeblatt finden trotzdem noch, unsere Marie und der Kay-Onkel täten prima zusammen passen. Aber wenn sie das (mit weit über dreißig!!!) nicht langsam mal schnallen?? Wir vier und erst recht Konny und Svea halten uns da jetzt einfach stillschweigend raus.

Abends verabschieden wir uns mit tausendmal umarmen. Küsschen rechts - links bei den Großen, High-fives bei uns Kleeblatt. Drei Extraküsschen für Paula, die uns hektisch hinterher winkt.

„Bis zum 25. bei uns, Annalena!“, schreien BB mindestens fünfundzwanzig Mal. „Wir mailen, BB!“, schreien wir durchs offene Autofenster. Und einer der großen steinernen Löwen am Ausgang scheint dazu sein großes `Halleluja´ zu brüllen. Oder tönt das von diesen kolossalen grauen Dickhäutern herüber, die unser gelungenes ZUFALLSTREFFEN ja live miterleben durften?

17. Kapitel: Ende mit Kränzchen - Hubsi

Auf halber Strecke, bei der Abfahrt Nordheim, macht Mam endlich den Mund auf. „Danke, Annalena! Das war ein sehr, sehr schönes Überraschungs-Geburtstagsgeschenk, meine großartigen Zwillinge. Sagt mir mal, wie seid ihr eigentlich darauf gekommen, ihr Schlingel?“

„Och, … nur so. Ist uns eingefallen, einfach so“, sage ich. „Hahaha!“ Mein Zwilling protestiert energisch. „Sind wir doch mal ehrlich, Lena.“

Huch?? Nööö, Anna! Das war SO nicht abgemacht. Ich muss sie bremsen. Sie lässt sich aber nicht. Stattdessen BEICHTET sie: Unsere top-secret Urlaubspläne mit BB und Svea. Mams Gesicht wird weich. Ist sie nicht sauer? Oder warum blinkt sie nach rechts und biegt in den Rasthof ein? „Wir müssen tanken“, meint sie fröhlich. Keine Spur von sauer. Statt von der Zapfsäule aus zurück auf die Autobahn fahren wir auf den Parkplatz neben die Riesen-Brummis. Aneinander gekuschelt sitzen wir drei auf der Rückbank, und unsere Ohren werden groß und größer.

Denn jetzt BEICHTET unsere Mutter. Ausführlich.

„Manno!“, stöhnen wir entsetzt. „Du hast alles gewusst? Das ist so was von gemein, Mam“, beschwere ich mich. Anna sagt ausnahmsweise kein Wort, - oh Wunder! Abschiedsschmerz, mein armes, armes Schwesterlein?

„Ja, das habe ich.“ Mam nickt lächelnd. „Aber das durfte ich euch nicht verraten, ihr Schätzchen. Ich habe mich doch wahnsinnig gefreut über euren unerwarteten Eifer.“

Es stimmt also wirklich: Dieser obercoole, most charming Zwillings-Onkel hat unserer Mutter von Anfang an gefallen. Jeden Tag mehr. Ja, zugegeben war sie sogar ein bisschen verknallt. Mit Bauchschmetterlingen und so. Und er anscheinend auch. „Verdammt gute Schauspieler seid ihr zwei“, grummle ich und bin ... Ja, was? Eingeschnappt?

Oder ärgere ich mich, weil ich nicht die Mini-Spur davon gemerkt habe?

Mam grinst schelmisch. Und weiter geht ihre Beichte:

Kay wollte unbedingt anrufen und mailen. Vor allem die hübsche Urlaubs-Marie wiedersehen in ihrem Göttinger Alltag. Er ist sogar extra mit dem Zug hingefahren.

Wow! Reingelegt haben sie uns. Frechheit! Wir gucken uns in die Augen und schlucken. „Wo habt ihr euch getroffen? Und wann?“, wollen wir wissen. „War Kay bei uns zu Hause?“ Mam lächelt: „Natürlich nicht, Annalena. Wir dachten, das wäre euch nicht recht.“

Falsch gedacht, liebe Mutter. Gejubelt hätten wir vor Glück. Wahnsinnsmäßig! „Das meint ihr jetzt nicht ernst, oder?“ Doch Mam. Ernster geht gar nicht! Egal. Sie haben sich am Bahnhof getroffen. Zwei Stunden sind sie durch den Wald marschiert und marschiert, haben jede Menge geredet und sich so gut verstanden wie in Tirol. Noch besser sogar. „Ja - und?“ Wir fragen mit einer nervösen Kribbel-Gänsehaut. Nix mit `Ja - und?´ Kay hat der Marie von unseren Zoo-Plänen erzählt.

„Uff! Das hast du ALLES gewusst?“ Wieder mal steht uns der Mund offen. „Warum nicht?“ Mam schmunzelt. Ein klein wenig schuldbewusst? „Ich kenne doch meine Annalena und ihre superguten Ideen. Nur leider kennt ihr eure alte Mutter anscheinend weniger gut, meine schlauen Mädchen. Sonst müsstet ihr wissen, wie wenig gut sie zu einem Mann wie einem Kay Biermann passt.“

Guckt sie jetzt unsicher oder bilde ich mir das ein?

„Ja, es stimmt, er ist ein klasse Typ und macht jeder Frau die Knie weich. Das aber ist exakt der verflixte Haken.“ Welcher verflixte Haken? Müssen wir das kapieren?

„Ganz einfach. Kay ist dauernd auf Achse. Jettet überall in der Welt herum, trifft wahrscheinlich jede Menge Frauen, denen eure brave Mutter niemals das Wasser reichen kann. Das passt einfach nicht zu uns Annemöllers, versteht ihr?“ Oho, daher weht der Wind. Typisch unsere Mam!!! Wo ist ihr altes Selbstvertrauen hin verschwunden?

Eine Weile schweigen wir nachdenklich vor uns hin, sogar mein temperamentvoller Zwilling kaut nur stumm auf seiner Unterlippe. Diese plötzliche lange Mutter-Beichte müssen wir erst mal gründlich verdauen. Ist halt alles einigermaßen aus dem Ruder gelaufen mit unserer genialen Zoo-Idee. Anna fängt wieder an: „Dieser nette Kränzchen-Hubertus in seinem Frankfurt würde eher zu uns passen, ja?“

„Der ist garantiert jeden zweiten Abend daheim und kümmert sich ganz lieb um uns drei“, vermute ich ernsthaft.

„Möglich“, sagt Mam. „Lieb und nett reicht eurer anspruchsvollen Mutter aber leider nicht. Und überhaupt ist euer braves Mariechen vollkommen zufrieden und glücklich mit unserem Drei-Weiber-Haushalt. Stellt euch da drin einen fremden Kerl vor, egal wie obercool, nett oder lieb. Der würde uns stören, von morgens bis abends, fürchte ich. Und wir ihn schon bald genauso.“

Armes Kränzchen, denke ich. Hast du nicht verdient.

„Und was ist mit dir, Mam? Brauchst du keine starken Arme. Zum Knutschen und Kuscheln und so?“ Mein unsensibler Zwilling ist wieder mal typisch Anna-direkt.

„Sollte ich das?“ Unsere Mutter kichert albern und wird leicht rötlich um die Nase.

„Nicht wirklich, Mam!“ Jetzt giggeln und gackern wir zu dritt. „Du, Mam, sagst du uns Bescheid, falls du deine Meinung änderst? Irgendwann?“, schlage ich ihr vor.

„Dann finden wir nämlich exakt den Mister Right for you“, meint Anna cool. „Jede Wette! Wir sind ja inzwischen voll in Übung“, hänge ich kichernd dran.

Mam drückt uns beide fest. „Genauso und nicht anders machen wir´s, Annalena! Und jetzt ab mit uns in die alte Heimat. Mit Volldampf!“

„Klasse!! In unseren Drei-Weiber-Haushalt!“, rufen wir. „Irgendwie geht ´s mir jetzt besser“, meint Anna erleichtert. „Männersuche ist voll der Stress.“ Wir atmen beide tief auf. „Freut euch lieber auf BB und den Rest der Biermänner-Family.“ Schafft unsere Mutter es direkt mal, das letzte Wort zu haben bei ihren vorlauten Zwillingen? Denkste! „Sogar aufs Paulchen Nervensäge“, muss meine nervige Anna noch loswerden, gerade als Mam den Blinker setzt: AUSFAHRT GÖTTINGEN.

Tja, und dann kommt der Oberhammer. Der dicke Punkt aufs kleine `i´ sozusagen. Am Mittwochabend höre ich das Telefon. Festnetz. Sprinte sofort hin - und atme tief ein.

„Grüß dich, Annalena“, tönt es mir ins Ohr und klingt verflixt nach Mann. Nee, nix Kay!

„Äh, hallo, Kränzchen …“, japse ich. „Upps, hallo, Hubertus, meine ich.“

„Wie geht es meinen drei lieben Göttinger Mädchen?“

Ich starre den Hörer an. „Äääh, - ganz gut. Marie ist leider eben unter der Dusche.“ Oh, ich kann auch überzeugend flunkern, wenigstens am Telefon. Sieht mich ja keiner rot anlaufen. „Null Problem, Annalena“, säuselt das

Kränzchen. „Ich rufe euch später wieder an." Doch schon steht Mam neben mir. „Für dich. Der nette Hubertus."

Ich entferne mich diskret, - so weit, wie ich noch jedes Wort mitkriege, logisch. „Fein! Das klingt toll, Hubert. Ja, natürlich habe ich Zeit. Wie lange kannst du bleiben? … Klar, du kannst bei uns übernachten, … bla-bla-bla…"

Buff und Peng! Ich lasse mich auf die Couch plumpsen. DAS träume ich jetzt nicht gerade rein zufällig, oder???

Ich habe sowieso diese ganze hirnrissige Zwillings-Geschichte nicht rein zufällig geträumt??

Strahlend und vor sich hin summend schwebt unsere Mutter auf dem Weg in die Küche an mir vorbei. Mein fassungsloses Gesicht ignoriert sie völlig. Es fällt ihr einfach gar nicht auf!! „Wir haben übers Wochenende lieben Besuch, Annalena", flötet sie. „Aus Frankfurt."

Ach nee, das hätte ich jetzt echt niemals kombiniert, Mam, denke ich und kann bloß schweigend mit dem Kopf wackeln. Anna fällt um, wenn ich ihr das nachher sage. Jede Wette. Vor Schrecken oder vor Lachen?

Mein Zwilling reagiert - unerwartet - einfach nur locker. Und fällt schon gar nicht um. „Erwachsene, Lena!", schnauft sie. „Manchmal sind die einfach irgendwie reichlich …" - „Ballaballa? Wolltest du doch sagen, nöch?" Na toll! Da sind wir Zwillinge uns ja endlich mal wieder einiger als einig!

Oh, nein! Dieses Kränzchen-Wochenende wird nicht mal halb so ätzend, wie wir befürchten mussten.

Dieser Langweiler-Hubertus-Typ ist nämlich eigentlich voll in Ordnung, stellen wir ein zweites Mal recht verblüfft fest.

„Eine echt witzige Nummer, der Hubsi“, meint Anna am Samstagabend. „Ist mir im Wohlfühl-Alphornstein kein bisschen aufgefallen“, stimme ich ihr nachdenklich zu.

Na, logisch! Bei der Konkurrenz von KAY, dem SUPERMAN, hat ein Hubertus-Normalie halt null Chancen. Jedenfalls kann unsere kaum noch ernste Marie endlich mal wieder unbeschwert und aus vollem Bauch raus lachen.

Marie und Hubert sind auf Achse zu einem Klavierkonzert in der Stadthalle, zu dem wir eigentlich mitgehen sollten. „Ich schätze, da gehen sie besser zu zweit alleine“, meint Anna. Wir können uns mit `Zu müde, leider!´ rausreden und hocken uns lieber vor ein Grusel-Video. Nach der Hälfte schalten wir genervt aus und skypen eine ausführliche Schock-Runde mit BB.

„Das is ´n Joke, oder?“ Bastian reißt die Augen auf. „Dieser witzige Kranz ist bei euch???“ Ben setzt noch eins drauf: „Will der echt was von Marie, dieser eher Loser-Typ?“

Wir grinsen uns an. „Wissen wir nicht. Aber der Hubsi ist ganz okay jedenfalls, - falls ihr euch ans Alphorn erinnert.“

BB tippen sich gleichzeitig an die Stirn. „Huub .. si! Hohoho!“, knurrt Ben. „Die Marie ist nicht zufällig in den verknallt?“, muss Bastian klären.

„Wissen wir nicht“, wiederholen wir. „Ist uns auch so was von piepegal“, sage ich. „Marie ist anscheinend glücklich, und genau darum geht es doch, oder?“, sagt Anna.

BB bewegen ihre Köpfe synchron zu einem undeutlichen, eher grübelnden Nicken. Pause. „Wird allerdings Zeit, dass ihr langsam mal herkommt“, fängt Bastian wieder an. Stimmt! Ist ja bald soweit! Juhuuuh! Schon stecken wir bis über alle acht roten Zwillingsohren in Herbstferienplänen.

Soll unsere wählerische Mutter sich doch besuchen lassen, von wem sie will! Annalena freuen sich lieber auf die tollen Biermänner. Wie verrückt freuen wir uns auf eine ganze Woche mit ihnen am Niederrhein. Auf sieben hoffentlich besonders laaange Wesel-Esel-Tage.

„Kommt der Kay auch?“, fällt Anna eben noch ein.

„Jede Wette!“ BB grinsen total süß zu uns rüber.

„Na dann, Jungs, alles Roger!“, rufe ich und habe jetzt schon ein federleichtes Ferienkribbeln im Bauch. Muss das prompt laut vor mich hin denken.

„Reisefieber?“, vermutet mein Zwilling.

Vier BB-Mundwinkel wandern bis zu den Ohren. „Du willst sagen: Das Biermann-Fieber!“, verbessert Ben. „Logo. Auch Zwillings-Fieber genannt“, gluckst Anna.

Jedenfalls träumen wir danach mal wieder fast das Gleiche, wir zwei Annalenas:

Von irren Klettertouren. Mit BB, Kay-Konny, Svea und natürlich dem Paulchen. Und von unserer Mam. Die schwebt mit Kay langsam am Fallschirm auf die Erde zu … und landet in den weit ausgestreckten Armen vom Hubertus Kränzchen, - pardon, vom netten Hubsi.

Anna träumt dann, Marie rennt ihm davon, springt mitten in den Pool und taucht unter. In meinem Traum lässt sie sich von ihm unförmig-klobige Bergstiefel anziehen und einen überdimensionalen Wanderhut aufsetzen und lacht laut und schallend los. Ihr ansteckendes Marie-Lachen, das wir noch von früher so gut an ihr kennen.

Welcher Traumschluss gefällt uns besser?

Anna schlägt vor, Marie soll am Ende vom Pool auftauchen. Hubsi hilft ihr aus dem Wasser, wickelt sie ins große Badehandtuch ein … Passt! Wenn sie trocken ist, zieht er ihr diese Kloben-Stiefel an … Aber in denen kann sie ihm auch noch wegrennen. Falls sie das überhaupt will. Tja, falls sie will! Das ist dann DEINE Sache, Marie. Deine Zwillinge sind nicht eure Babysitter, you know!

MARIE: „Meine lieben Schätzchen! Was für eine Mühe haben sie sich gegeben für ihre arme, sooo einsame Mutter! Und die Biermänner gleich mit. Und ich spiele ihnen solches Theater vor."

IHR QUENGELCHEN: „Allzu fair war das wohl nicht, stimmt ´s? Das weißt du ja selber."

MARIE: „Was soll ich machen, wenn sie mir unbedingt einen Mann aufschwatzen wollen? Laut HURRA schreien? Obwohl ich viel lieber in Ruhe weiterlebe wie bisher?

In drei Jahren habe ich mühsam geschafft, auf eigenen Füßen zu stehen und gut für uns drei Annemöllers zu sorgen. Alleine, auch ohne Mann."

I.QU.: „Oh ja, das hast du wirklich. Respekt, würde der Hubert sagen. Eine bessere Mutter könnten deine Zwillinge sich nicht wünschen."

MARIE: „Willst du mich jetzt auf den Arm nehmen?

Ich habe doch viel zu wenig Zeit für die beiden."

I.QU.: „Ihnen reicht diese Zeit. Haben sie sich jemals beschwert, dass dir deine Bücher wichtiger wären als deine Zwillinge?"

MARIE: „Natürlich sagen sie mir das nicht direkt. Trotzdem habe ich oft ein schlechtes Gewissen, weil ich mich zu selten um sie kümmern kann."

I.QU.: „Sie sind im Doppel, Marie. Das genügt ihnen voll und ganz. Mach du dir nicht dauernd deine völlig unnötigen Muttersorgen."

MARIE: „Dann hört aber bitte auch alle auf, mich zu verkuppeln mit Kay, Hubert oder sonst wem Super-Typen.

Mir geht es nämlich gut genauso, wie es ist, und damit BASTA! Und meinen Zwillingen hoffentlich auch, wie du selber sagst."

I.QU.: „Ach, wirklich??? Was hat dieser Hubert-Besuch dann zu bedeuten? Der passt wenig zu deiner alten Marie-Einstellung, oder?"

MARIE: „Das siehst du grundverkehrt! Der Hubert Kranz ist nichts als ein netter, sehr sympathischer Wanderfreund, auch wenn ich mich wiederhole. Das habe ich ihm von Anfang an klar gesagt. Daran wird sein Besuch jetzt nicht das Geringste ändern."

I.QU.: „Also gut! Einverstanden. Schluss mit dem leidigen Thema MARIE und MÄNNER."

MARIE: „Und wenn ich doch irgendwann noch mal davon anfangen sollte?"

I.QU.: „Dann ist meine garantierte Quengelchen-Antwort: DAS ist ab sofort DEINE Sache, Marie!"

MARIE: „Dann hast DU garantiert Recht wie immer, du schändlicher dauerquengelnder Besserwisser!

Aber mal ehrlich, mein Quengelchen, was wäre ich ohne dein nerviges Geschwätz? Eigentlich muss ich mich bei dir herzlich bedanken. Nämlich für deine unermüdliche Geduld und Hartnäckigkeit. Ach, und vor allem für deine tausend wirklich oft gar nicht schlechten Ratschläge, - an jedem der 365 Tage. Und überhaupt zu jeder passenden und unpassenden Gelegenheit."

I.QU.: „Dank dankend angenommen, Marie. Dann also auf unsere immer weiter GUTE ZUSAMMENARBEIT!"

DAS CHAOS HÖRT NICHT AUF!

Inzwischen sind drei Jahre einfach so vorbeigesaust.

Sind wir beiden Annalena gestern tatsächlich schon SECHZEHN geworden??

Es waren drei mächtig aufregende Jahre, - leider nicht immer nur gute.

Inzwischen sind wir eifrige Stammgäste im (überraschend gutgehenden und ständig voll ausgebuchten!) Zwillings-Wohlfühl-Hotel Alphornstein. Und ebenfalls die sechs Biermanns, logisch. Die waren sogar einmal mit uns beim großen 36. Zwillingstreffen Ende Mai. Unsere Marie, Svea und Paula kamen sich dabei schon irgendwie seltsam vor unter den wenigen Nicht-Zwillingen.

Im Wohlfühlhotel trafen wir uns regelmäßig im August. Auch Hubertus Kranz, der uns öfter mal in Göttingen besucht hat, war dann meistens nur für eine Woche dort, und Marie ging eisern mit der Gruppe vom Hans auf die Berge. Mit Konny und beiden BB!

Lotta haben wir erst im zweiten Sommer wiedergetroffen. Mit ihrem Carlos. Er hinkte noch ein bisschen. An Wandern, Tennis und Co erst mal nicht zu denken, aber das steckte er locker weg, - anscheinend. Wir können halt nicht in ihn reingucken. Ein echt starker, voll lockerer Typ, - seine drei Kinder vergöttern ihn. Besonders Till-Rasmus ist ihm wie aus dem Gesicht geschnitten, findet Svea.

Das Eliza Superweib lebt jetzt in Italien mit einem Mode-Heini zusammen. Soll sie! Uns fehlt sie nicht die Bohne, die abgewrackte Dschungel-Queen!

Kay war im ersten Sommer auch nicht dabei. Für ein Jahr hatte er in Singapur zu tun. Wir durften regelmäßig mit ihm skypen und sich seine lustigen Stories von da unten anhören. Dann, im Sommer danach, war der obercoole Kay Biermann kaum wiederzuerkennen. Nix mehr mit hübschen Locken. Kürzer gingen seine Haare nicht mehr. Vorstufe von Glatze. Dazu sein blonder dekorativer Bart. Rundrum. So krass! Sehr gewöhnungsbedürftig. Fand vor allem sein Lehrer-Zwilling. War das wirklich noch BBs alter Kay-Onkel? Extra zu Sveas `Geburtstags-Fete-der-Superlative´ im Juni war er rüber gejettet. Genau! Svea ist nämlich von uns allen die Älteste. Schon stolze Vierzig! Sieht ihr allerdings kein Mensch an.

Unsere Mam mochte vom neuen Kay Biermann die unerwartete Frisur. Falls man seine Ministoppeln so bezeichnen darf. Marie stand mal wieder voll auf ihn, und der Hubert Kranz hatte sich dran gewöhnt, wenn er bei seiner Angebeteten nur noch die zweite, also die Wander-Geige spielen durfte.

Irgendwie hat dieses Auslandsjahr den Kay Biermann verändert. Deutlich zu seinem Vorteil, findet Marie.

Null Ahnung, wie sie das meinte. Jedenfalls war dieser neue Kay deutlich mehr nach ihrem Marie-Geschmack. Das sah sogar ein Blinder. Und Kay war zum Glück alles andere als blind aus Singapur zurück. Er fand, die süße Marie sei in den zwölf Monaten ohne seine Nähe aufgeblüht wie eine stolze Teerose, haha! Und so ein süßes Kompliment vom obercoolen Kay! Zählt doppelt, meinte Anna.

Marie ging das lieblicher als lieblich runter. Ergebnis:

Sie ist jetzt seit über einem Jahr mit dem Biermann-Zwillingsonkel liiert. Diese vorläufig nur Wochenend-Beziehung scheint richtig gut zu laufen, wenn man die beiden beobachtet. Übrigens, von Heiraten war bis jetzt noch keine Rede. Und falls doch mal irgendwann, dann jede

Wette an keinem anderen Ort als dem Alphornstein, meinen BB.

Dort in Tirol werden auf jeden Fall Anna und Bastian auch mal heiraten. Später! Vorher müssen sie unbedingt ihre Zwillinge kriegen. Zwei auf einmal brauchen nämlich unbedingt ganz junge Power-Eltern mit ganz jungen Power-Nerven. Wir Annalena wissen das aus Erfahrung. Solche guten Nerven, wie unser Patrick-Papa sie hatte.

Wir Zwillinge freuen uns immer tierisch auf den Freitagabend, wenn ONKEL KAY auf der Matte steht. Oder wir mal zu ihm nach Hannover fahren für ein Kay-Spezial-Super-Samstag-Sonntag-Programm. Ziemlich oft starten wir vier natürlich zusammen zu den Biermännern. (Zu den fünf närrischen Eseln nach Weseln!)

Wir Kleeblatt sind, logisch, zuerst aus sämtlichen weißen Wölkchen gefallen. Tja, manche Mütter haben halt eine Leitung noch um einiges länger als der gesamte Äquator. Das stammt von Anna. Die hat immer noch ihre Riesenklappe, was mich eigentlich arg wundern müsste. Aber gerade die braucht sie jetzt dringender als dringend. Ach so, das ist nämlich das leider, leider NICHT Gute aus diesen letzten aufregenden drei Jahren:

Diesen Mega-Vierzigsten \`durfte´ unsere POWER-ANNA im Krankenhaus verbringen, nach noch mal einer unbedingt notwendigen OP. Meinen armen Zwilling hat es nämlich heftig erwischt. So was von ätzend ist das gelaufen!!

Beim KLETTERN. Bastian wollte sie noch festhalten, da ist sie vor seinen entsetzten Augen gestürzt. Mordsdusel und eine ganze Armee liebevoller Schutzengel muss sie gehabt haben, denn NUR ihr rechtes Bein war gebrochen.

Wir wissen seitdem, wofür der Helm dringend wichtig ist. Die leichte Prellung an der Schulter war rasch abgehakt, dafür der Bruch umso komplizierter. Mehrere Operationen brauchte sie. Richtig normal wird sie vielleicht nie mehr laufen können?? Da müssen sie und der Lotta-Carlos sich die Hand reichen. Das war DER Riesenschock für uns alle. Ausgerechnet unsere arme ANNA, unser energiegeladenes, lebensfrohes, liebenswert-chaotisches Temperamentsbündel.

Warum hatte es bloß SIE getroffen und nicht besser MICH? Diese Frage quälte mich lange. Viele Monate musste ich ihr Mut machen. Für uns beide eine harte Zeit. Wäre meine tapfere Anna nicht extrem hart im Nehmen und ein wahrhaft sonniges Gemüt, ein mutiger, so kreativer Lebenskünstler, wie ich keinen zweiten kenne, wie hätte sie da gewinnen können über diesen soo fiesen und sooo ungerechten Schicksalstreffer??

Der Bastian (Den mussten Ben und Svea für mich mit trösten, weil er fast so am Boden war wie wir.) ist trotzdem (oder gerade deswegen?) wild entschlossen, seine Anna zu heiraten. (Aber zuerst müssen wir ja mal achtzehn werden.) Na also! Was will mein Zwilling noch mehr als ihren heißgeliebten Bastian???

Und ich überlege, ob ich nicht lieber richtige Ärztin, genauer Kinderärztin, werden soll, statt dem `Viechdoktor´, wie Konny das nennt. Durch Anna bin ich drauf gekommen, wie gut es ist, kranken Menschen helfen zu dürfen. Sie aufzumuntern, ihnen liebevoll beizustehen, wenn sie starke Schmerzen haben …

Und übrigens noch was Krasses: Unser Ben Biermann will ausgerechnet PSYCHOLOGIE studieren. In GÖTTINGEN wahrscheinlich! Zuerst haben wir ihn ungläubig angestarrt. Inzwischen stelle ich mir vor, wir könnten uns irgendwann zusammentun mit unserer Arbeit. Die drei Hunde und fünf Katzen aus dem Tierheim kann ich mir ja trotzdem anschaffen. Und … na ja, irgendwann vielleicht auch Zwillinge? Egal, ob coole Jungs oder süße Mädchen. Die müssten dann am besten Laura-Luise heißen, - also LL.

Und die Jungs? Nein, nix mit B! Weil - BB gibt ´s doch schon. Vielleicht Robin-Richie, also RR?

Dazu frage ich dann natürlich meinen Anna-Zwilling, denn diese Namen sollen ja zu denen von ihren Zwillingen passen, hahaha! Bastian wird natürlich auf keinen Fall Zeit zum Studieren haben. Er muss halt, sobald es geht, sein eigenes Geld verdienen. Logisch, denn Anna ist ihm viiiel wichtiger als zum Beispiel irgendein Doktortitel!

Zum Glück müssen Zwillinge nicht auch noch den gleichen BERUF haben. Irgendwann sollte jeder Zwilling in sein eigenes Leben eintauchen dürfen. Unsere schlaue Mutter sagt das ganz ernst und meint das wohl auch so.

Vorstellen kann ich mir das allerdings jetzt noch nicht:

So ein Leben, ohne meine Anna immer neben mir und um mich herum.

Nee, nicht wirklich! Und das sage ich ihr auch immer wieder.

Da seufzen sie alle drei ganz tief, - die Marie, die Svea und die jetzt schon bald große Paula, während ihre Augen um die Wette lachen: „Ach, Annalena! ZWILLING müsste man sein! Am besten einer von diesen CHAOS-Zwillingen!“

MARIE: „Das mit dem Raushalten hast du damals gar nicht ernst gemeint, oder?"

IHR QUENGELCHEN: „Und wann soll ich DAS gesagt haben?"

MARIE: „Vor drei Jahren war das. Bist du denn so vergesslich?"

I.QU.: „Was genau soll ich da gesagt haben?"

MARIE: „Du hast gesagt: `Das ist dann DEINE Sache.´ Also falls ich mich doch irgendwann noch für einen Kerl interessieren sollte."

I.QU.: „Ja, ich erinnere mich. Wieso? Ich halte mich doch raus."

MARIE: „Und was willst du jetzt noch von mir?"

I.QU.: „Nix Wichtiges. Du sollst nur wissen, wie gut dir dein nochmaliges Kerl-Interesse getan hat, du aufgeblühte Teerose."

MARIE: „Stell dir vor, mein gutes Quengelchen, das merke ich sogar selber. Trotzdem vielen Dank für deine Meinung! Hast du sonst nix mehr an mir herumzuquengeln?"

I.QU.: „Nein. - Doch! Eine Frage plagt mich allerdings noch: Werdet ihr, du und Kay, irgendwann ...

MARIE: „Zusammenziehen, meinst du?"

I.QU.: „Ja, das auch. Aber ich rede vom HEIRATEN!"

MARIE: „Muss das sein? Es ist doch gut so, wie es ist. Auch für Annalena."

I.QU.: „Wollt ihr denn nichts Festes? Nicht mal auf die Dauer!"

MARIE: „Ehrlich gesagt `J-EIN´!"

I.QU.: „Falls aber doch, - wie wäre es, ihr würdet auch noch Zwillinge produzieren?"

MARIE: „Waaas? Das ist nicht dein Ernst? - Ach, du, das wäre ja eigentlich richtig lustig!"

I.QU.: „Siehst du! Noch ein nettes Paar Zwillinge mehr auf der Welt könnten gewiss nix schaden, Marie! Mach das deinem Kay und Annalena mal schleunigst klar."

MARIE: „Na, die werden dumm schauen! Die nächsten Zwillinge haben sich doch Anna und ihr Bastian vorgenommen."

I.QU.: „Na, das passt doch wie verrückt. Ich bin gespannt, wer von euch zukünftigen Zwillingsmuttis gewinnt!"

MARIE: „Dann mache doch wohl besser ICH den Anfang! Hab ich da mal Recht, mein Quengelchen?"

Gunhild Thalheim, geb. Jahn, Jahrgang 1944, Grundschullehrerin aus Thüringen und Hamburg, hat mittlerweile mehr als zwanzig Bücher für Kinder im Grundschulalter geschrieben.

Die meisten sind reichlich fantasievoll und in lockerer, kindgemäßer Sprache. Liebevoll illustriert mit eigenen Zeichnungen oder kreativen Bildern von vielen engagierten Tiroler Volksschülern.

Diese heitere Zwillings-Feriengeschichte ist erst ihr dritter Roman für ältere Leser, - ungefähr ab 13 Jahren aufwärts.

Sie soll vor allem eines: Sommer-Lesevergnügen bereiten. Und an trist-trüben Herbst- oder Wintertagen die Erinnerung an ungetrübte Urlaubsstimmung wecken in Gundis Tiroler Berg-Wahlheimat.

Übrigens wäre das Einzelkind Gundi liebend gerne selber auch ein Zwilling gewesen!